梦山书系

创意作文
实效教学例谈

钱本殷 ◎ 著

海峡出版发行集团 | 福建教育出版社

图书在版编目（CIP）数据

创意作文实效教学例谈/钱本殷著. 一福州：福建教育出版社，2020.6（2022.10 重印）
ISBN 978-7-5334-8705-8

Ⅰ.①创… Ⅱ.①钱… Ⅲ.①作文课－教学研究－小学 Ⅳ.①G623.242

中国版本图书馆 CIP 数据核字（2020）第 047228 号

Chuangyi Zuowen Shixiao Jiaoxue Litan
创意作文实效教学例谈
钱本殷　著

出版发行	福建教育出版社
	（福州市梦山路 27 号　邮编：350025　网址：www.fep.com.cn）
	编辑部电话：0591-83779615
	发行部电话：0591-83721876　87115073　010-62024258）
出 版 人	江金辉
印　　刷	福州凯达印务有限公司
	（福州市仓山区建新镇红江路 2 号浦上工业区 B 区 47 号楼）
开　　本	710 毫米×1000 毫米　1/16
印　　张	14.75
字　　数	222 千字
插　　页	1
版　　次	2020 年 6 月第 1 版　2022 年 10 月第 3 次印刷
书　　号	ISBN 978-7-5334-8705-8
定　　价	35.00 元

如发现本书印装质量问题，请向本社出版科（电话：0591-83726019）调换。

序

钱本殷先生是福建小学语文教坛宿儒名家，全国知名小学语文教学特级教师。先生大作《创意作文实效教学例谈》问世嘱我作序，虽是殊荣，但碌碌者如我，如何敢担？然先生嘱之殷殷，在我便也却之不恭，却之无理，遂强而为之。对我而言，钱先生是前辈名家。我与先生相识有年，彼此心相通、气相求，对语文教学很多问题，尤其是一些根本性问题，都有相同或相近的主张，彼此也就成了忘年之交。

有一年，不知缘于何事，钱先生拿来他当年任教时批改后的学生习作本，其间两件事情给我印象极深。一是1980年代初，钱先生对学生习作，就组织学生自评自改。钱先生说，学生在老师指导下的评改，本质上就是学生再一次学习"怎么写"的益智活动。二是钱先生自己在习作上写的一些评语，具体、精当。且先生钢笔小楷，工整、精美，更令人观之肃然起敬。其后几次，先生应我之邀，为年轻小学语文教师作写作教学指导报告，或重执教鞭再上讲台，为我们学员垂范指引，每每都获年轻人的喝彩与仰慕。

有一次，我请钱先生来我们学院，为研究所年轻教师教授小学作文教学的基本原则、方法与策略。先生那天带来一大摞当年学生的习作，分门别类，一一展示，直让年轻人叹为观止，敬佩先生敬业精诚，敬仰先生写作指导用功之深。

仔细看着这些灌注了先生汗水、智慧的宝贝，我既欣喜又着急：先生这样的宝贝，再不整理出版，是否会散落遗失？我便劝钱先生抓紧整理，找机会出版，让更多年轻教师受教，让更多学生受惠。私下里，也想：这样的著作出版，本身也是为福建省小学语文教育界争光。

钱先生好像听进我的话，过了几个月，他和我说已经开始整理这部书。我听后又有些后悔，想到钱先生毕竟近七十六岁高龄，还要额外担负这繁重的工作便深感愧疚。

令人欣慰的是，钱先生身体一直很好，精力十足。两年多后的今天，大作终于杀青！

不同于一般学院派学者的高头大章、高深莫测，本书与小学课堂结合紧密，与小学习作教学实际工作融为一体，娓娓道来，亲切可近。书中，先生提出了各个维度、各个方面的小学习作教学方法——培养兴趣有良方、语言训练打基础、语言描写序列化、言之有物有办法、习作设计多样化……为小学语文教师提供了全方位、立体的小学写作教学指导。

学生习作评改指导，是钱先生写作指导中尤其值得大书一笔的地方。钱先生历来主张让学生在自改作文中锻炼、提高习作能力。他说，引导学生自我修改和相互修改习作，是培养学生写作能力的一种有效手段。

如何指导学生自批自改他们的习作？在起初阶段钱先生往往晓之以理，激之以趣，讲述古今中外许多名家成功修改文章的轶事，收集一些浅显易懂的有关修改文章的名言，让学生明白修改习作的重要性和必要性。钱先生还向学生展示自己的修改手稿，以身垂范。在引导学生学习修改时，钱先生先提出问题，启发学生自己反思习作。针对习作中典型问题，钱先生从"改什么""怎么改"与"为什么"几方面阐述道理，让学生获得具体、可感的指导，再动手仿效。

钱先生极其重视学生习作实践一招一式的指导，曾说，"怎样让学生感到习作是一件乐事？那就要让孩子们轻轻松松地听课，在笑声中汲取写作知识，快快乐乐地写作文，在反复实践中提高习作能力"。但是，钱先生从不把指导学生写作仅仅当做一件"技术"活，而是始终从育人高度认识写作教学。他认为，一个老师的核心能力是善于采取各种有效的方法，让学生自信、自觉、自律，要在"教学生做真人"上下功夫，在激发学生内驱力上想办法。所以本书开篇第一讲，先生就以"坚持育人为己任"表达了教书立德树人的理念。

在写作指导每一个环节，先生都紧密将习作技能指导与人的发展联系起来。即便在学生习作评改环节，钱先生也说，学生修改自己或者同伴的习作，不是简单地完成一项任务，这一活动本身就具有极高的教育价值，它不但可以促使学生从另一个角度反思习作，同时也对学生的主动人格培养具有不可忽视的作用。

作为晚辈，我对钱先生不仅仰慕，对照先生，还愈加看清自己的渺小，这激发我更认真学习与反思。这本书，不仅对初入语文教育的年轻教师弥足珍贵，即便对于我们这些多年从事小学语文教学的研究者而言，也是一部活生生的教材。从书中，我们不仅能学到一些基本的方法与技巧，同时也能欣赏到一位语文教育家的智慧，被他热爱语文教育、热爱学生的情怀所感动。

是为序。

鲍道宏

福建教育学院语文课程与教学研究所

2019 年 10 月 10 日

自 序

我从福州师范学校毕业,被分配到当时全国赫赫有名的福州实验小学任教。40年来,我一直从事语文教学,盘点从教历程,有成果,也有遗憾。受学校良好教风的熏陶,我对教育充满激情,特别喜欢探究习作教学,我轻松教习作,学生快乐写作文。

退休前半个月,我把学生在课堂内独立写的习作,呈送福州一中语文特级教师李西渠老师评析、提意见。应我要求,他还写了既有肯定又指出不足的总评语:

贵班学生习作整体水平高,结构完整,层次清楚,语言流畅,富有文采,令人欣喜;其中十篇左右习作已达到初一水平。但有极小部分学生习作有些空话,所以偏长。总的看来,贵班学生习作训练有素,可喜可贺!

中学特级教师这样评价我的学生习作,出乎意料。喜悦之余,我开始盘点习作教学得失、成败。经过回忆,梳理出我的小学习作教学总主张:习作教学不能单打独斗,要发掘学生智商,还要调动学生的情商。习作教学要形成套餐体系——立德育人体系、兴趣培养体系、语言训练体系、语段训练体系、从读学写体系、创意设计体系、赏析品评体系、评讲修改体系。这些总主张基于我对小学习作教学的基本认识。

小学习作教学是一项系统工程——习作教学应该有一套完整的流程系统,不能只重视研究课堂"写的指导"。习作前、习作中、习作后,各个阶段的训练,要形成系统"链"——习作前,做足"思维磨炼功夫",重视阅读积累,观察生活训练,强化语言磨炼;习作中,重视激发兴趣,启发写作思路,鼓励放飞童心;习作后,重视及时评讲,做好二次导写,训练自能修改。

小学习作教学是一种"慢"的艺术——任何能力的形成,都要经过反复的磨炼,运动员要出优秀成绩是这样,老师进行习作教学要出成果,也是这样。与习作有关的各项能力的形成要反复训练,犹如种果树,要经历生根、吐芽、长叶、分枝、开花、结果这些过程。绝不能违背儿童认知规律，即使一种习作体裁或题材也要经过多次训练，儿童都要经历从"会写"到"乐写"，再到"写好"的过程。儿童习作成长的过程，要求老师必须潜心下一番润泽功夫，必须精心管理，耐心静等开花结果。

习作是思维外化的表达——激活思维是习作教育的生命，思维是书面语言的阶梯，思维品质决定习作优劣，儿童内心思维通达，外化的书面语言表达就有条理。习作"思"在前，"写"在后。以"思"为梯，启思开蒙，尊重童心自由思维，唤醒儿童思维，鼓励大胆思维，让儿童好于"思"，勤于"思"，善于"思"，以致深于"思"。儿童想得越多，想得越细，想得越妙，书面语言的表达就会越准确，越通顺，越精彩。所以我经常以各种形式，引导儿童进行滚动式的"看后＋思考""听后＋思考""做后＋思考"的全方位螺旋式上升的思维训练。

小学习作是儿童精神成长的园地——我的学生不怕习作，并且写得好，原因之一是我不以应试为目的，坚持习作全程教育儿童爱生活，引领他们观察美、发现美、感知美、崇尚美、欣赏美、称赞美、学习美。习作教育中以精神熏陶为旨，让阳光永驻儿童心灵，感受世间的真善美。课堂要成为儿童写作的"学园"，成为儿童精神成长的"乐园"，鼓励用童心审视生活，认识事物，表达童趣，抒发童情。儿童心灵如小园地，引导他们种什么，收获的就是什么，播种真善美，收获真善美。

我的学生总把习作当写书。每次春游和秋游后，学生写一篇不过瘾，会在一周内利用课余时间，用作文本，写六七篇习作，编目录，写前言，留后记。有学生在习作前言里写道：

这一周，我收获好大，写了七篇春游习作，编成一本"书"，写了前言，练了文笔，还磨炼了我的意志。

瞧，学生在习作园地里，智能得到发展，精神也得到成长。我的学生在练习写书信的习作中，这样表达他写作文时的内心感受：

……您接班教我们两年了，我觉得上您的语文课是一种享受。几乎每一次习作课，教室里都会飘出一阵阵笑声，在笑声中，我们学到写作道理，难怪许多同学都说上您的习作课轻松愉悦，不仅学写习作，还学做人。有时，我在生活、学习中，会按照您说的去做人、做事。

习作训练不该成为学生精神负担，老师要千方百计地让习作成为学生有滋有味的一种生活。当学生把习作当做一种享受乐趣的生活时，才能真正全身心地写作，也才能取得习作教学的理想效果。老师才能享受教学成功所带来的乐趣，体验教育的成功感与幸福感。

退休后，我应基层小学语文教研组、各区进修校教研室，或国家级、省级、市级骨干教师培训部门之约，做了约500余场各种讲座。在省教育学院语文研修部鲍道宏主任鼓励下，我把习作教学讲座内容进行整理、加工、润色，前后写了半年，改了两个月，才有了这本拙作。退休十年后，才学习码字，虽然打字慢，但是天天与文字对话，常常回忆习作教学的有趣故事，却也让退休生活平添几分色彩。

我从小长在农村，爱绿叶，当了老师，教育生涯中也融进绿叶精神。退休了，我还带学生看绿叶，写绿叶，赞绿叶。绿叶精神不曾在我教育思想库中"退休"。我觉得老师要有教育情怀，要有绿叶精神。

写作虽苦自寻乐，心花一瓣且为序。

钱本殷

2019年10月于江南水都新居

目 录

第一讲 习作导学新理念
　　——坚持育人为己任 …………………………………………… 1
　　例谈一　建设班风中育人 …………………………………… 1
　　例谈二　教学设计中育人 …………………………………… 4
　　例谈三　即兴习作中育人 …………………………………… 10
　　例谈四　习作留言中育人 …………………………………… 14
　　例谈五　编书活动中育人 …………………………………… 16

第二讲 培养兴趣新举措
　　——习作激趣有良方 ………………………………………… 22
　　例谈一　真情激趣 …………………………………………… 22
　　例谈二　新颖激趣 …………………………………………… 27
　　例谈三　幽默激趣 …………………………………………… 33
　　例谈四　表扬激趣 …………………………………………… 36
　　例谈五　发表激趣 …………………………………………… 40

第三讲 语言训练新主张
　　——常态训练打基础 ………………………………………… 44
　　例谈一　写通顺，多管齐下 ………………………………… 44
　　例谈二　求准确，琢磨比较 ………………………………… 51
　　例谈三　写得体，讲究语用 ………………………………… 54

例谈四　讲变化，守正求异 …………………………… 58
　　例谈五　须鲜活，创意求新 …………………………… 63
　　例谈六　表真情，动心感人 …………………………… 66

第四讲　遣词造句新探索
　　——拓宽写句训练场 ……………………………………… 72
　　例谈一　素描式写句 …………………………………… 72
　　例谈二　变位式写句 …………………………………… 77
　　例谈三　想象式写句 …………………………………… 78
　　例谈四　变句式写句 …………………………………… 80
　　例谈五　美容式写句 …………………………………… 81

第五讲　句群训练新视界
　　——练写语段微习作 ……………………………………… 92
　　例谈一　方位式语段 …………………………………… 92
　　例谈二　总分式语段 …………………………………… 95
　　例谈三　并列式语段 …………………………………… 98
　　例谈四　承接式语段 ………………………………… 100
　　例谈五　递进式语段 ………………………………… 101
　　例谈六　叙议式语段 ………………………………… 103
　　例谈七　综合式语段 ………………………………… 108

第六讲　叙述具体新妙招
　　——言之有物巧办法 …………………………………… 110
　　例谈一　现场演示法 ………………………………… 110
　　例谈二　镜头组合法 ………………………………… 114
　　例谈三　运用数字法 ………………………………… 115
　　例谈四　孔雀开屏法 ………………………………… 116
　　例谈五　细节描写法 ………………………………… 120

第七讲　对话描写新探究

——语言描写序列化 ………………………………… *123*
例谈一　巧治"无声对话"症 ……………………… *123*
例谈二　诊治"格式单一"病 ……………………… *128*
例谈三　巧用"说"的近义词 ……………………… *132*
例谈四　替代"说"字提示语 ……………………… *137*
例谈五　描写"说"前修饰语 ……………………… *140*
例谈六　明确对话描写目的性 ……………………… *143*

第八讲　习作导写新策略

——习作导写立体化 ………………………………… *147*
例谈一　读写式导写策略 …………………………… *147*
例谈二　系列式导写策略 …………………………… *155*
例谈三　即兴式导写策略 …………………………… *165*
例谈四　评改式导写策略 …………………………… *174*
例谈五　示范式导写策略 …………………………… *187*

第九讲　指向表达新设计

——习作设计多样化 ………………………………… *192*
例谈一　"汉字变形"教学设计——给"口"添两笔成新字
……………………………………………………… *192*
例谈二　"妙用'静'字"教学设计——情境习作设计 ……
……………………………………………………… *195*
例谈三　"蒙眼添笔画"教学设计——学写起伏变化 … *198*
例谈四　"一束鲜花"教学设计——学习总分构段方法 ……
……………………………………………………… *201*
例谈五　"空气压力实验"教学设计——学写事情全过程 …
……………………………………………………… *205*

第十讲　赏析笔记新尝试

　　——学习评析促提高 ·············· 208
　　例谈一　导写赏析笔记新认识 ·············· 208
　　例谈二　导写赏析笔记的策略 ·············· 210
　　例谈三　导写赏析思路与方法 ·············· 214
　　例谈四　导写赏析笔记的实践 ·············· 215
　　例谈五　导写自己习作的评析 ·············· 217

后记

　　书外心语小花絮 ·············· 220

第一讲　习作导学新理念
——坚持育人为己任

我应省教育学院培训部之邀,为参加国家级、省级培训的语文骨干教师做讲座时,展示了我的学生课堂习作原件,有老师问我,学生习作写得漂亮,有何秘妙。我觉得儿童习作教学研究有失偏颇,"只注意知识的传授,工具高扬,情感本体受抑,技法至上,忽视了人格的熏陶",我认为没有育人的措施为保证,老师对写作教学尽力付出的所有努力,都会大打折扣。

从我教四十年习作的教学效果看,有必要谈谈我的习作教学理念之一——习作导学不忘育人,这是习作教学走向成功之道。陶行知先生说过:"千教万教,教人求真;千学万学,学做真人。"第一讲就笔者在习作教学中如何坚持育人,谈几点富有创意、最有实效的做法。

例谈一　建设班风中育人

【习作能力导学点】——学写班风建议书

班级集体是学生精神成长的家园。集体教育永远胜于个体教育,一位诗人说过:"一个熊熊燃烧的火炉,任何一块煤都会燃烧。"每接新的教学班,要千方百计让全班学生学习之"志"长起来,学习之"火"烧起来,学习之"泉"涌起来。首先就要"建设班风,树正气,立规矩",犹如播种前先把土地犁过、耙平,然后才好在平整的田地里播种庄稼。学生全情投入写作,老师所有的教学措施,才能落地生根、开花结果。

(一) 讲故事，点亮心灯

根据儿童可塑性很强的特点，接班伊始，首先连续讲我的学生追求上进的真实故事，激发学生见贤思齐，当一名向善向上、勤奋好学的学生。一次，我接新教学班后，概括介绍我带过的全国优秀班级的先进事迹——

钱老师曾经教过一个德、智、体、美、劳全面发展，富有朝气的全国优秀集体。同学们非常虚心好学、自觉自律，纪律严明。人人争做学习小主人、班级小主人。无论哪一项活动，这个班级总是走在前面。

接着，讲这个全国优秀班级的学生代表赵玉红的故事——

赵玉红同学右腿患小儿麻痹症，她身残志不残的事迹，老师十分感动。赵玉红同学因为受到集体好学风气的熏陶，也变得格外勤奋。在校每节课堂上，她一边听课，一边左手握着治疗锤，轻轻敲打右膝盖；在家里，每晚在灯下，一边用左手不停敲右腿膝盖，一边写作业，写完作业，还坚持写日记，每篇日记都写得动情感人。

说着，我让学生参观我珍藏的学长们书写工整的日记本，保存完好的习作本，创意的自动化作业，课余整理的听课笔记本，假期编辑的个人优秀习作选等资料。

"水击则声鸣，人激则志宏"，学生听了我的谈话，看了学长的作业原件，心灵被触动了。次日一早，我收到许多学生写给我的"悄悄话"，请看一位学生写的心里话——

尊敬的钱老师：

开学以来，您连续给我们讲了后进生陈瑞旻同学成为班级优秀干部的故事，刘丽敏同学关心集体的故事。今天，又讲了全国优秀集体的代表——赵玉红同学身残志坚、勤奋好学的故事，我好激动。这些故事深深打动了我，打心眼里佩服他们。我要向他们学习，求上进，争当好学生。

老师，我知道您的用心：讲故事激励我们做好学生，激发我们端正学习态度。想想自己也是五年级学生，可还是贪玩，真惭愧。我不能再无所谓了，昨天，写完作业后，多写了两篇习作，这是我向学姐赵玉红学习的第一个行动！请您多提意见，好让我改正缺点！我的字写不好，今晚，我静心练写了一张硬笔字，请您指导。

学生　江霓
9 月 19 日

读这样的悄悄话，能透视孩子的心扉。荒芜的土地，一旦开发、播种，便会呈现一片生机勃勃的绿洲。我顺应学生见贤思齐的心理特点，讲述学长们力争上游的故事，显然起了积极的感化作用。

（二）写建议，个个献策

要把班级打造成一个朝气蓬勃的集体，必须要给学生自主权，让学生做集体的主人，做学习的主人。我发动学生人人写一份班风学风建议书，为建设优秀班集体献计献策，让学生觉得为建设班风出主意、写建议书是自己的责任。我借机指导学生了解建议书格式和基本内容：

1. 写此建议的目的。
2. 建议书内容是主体，有多点建议，就要分点写。
3. 注意语言要简明扼要。

这样，就把班风建设与写建议书的习作训练紧密结合起来。学生所写的建议反映了他们的真实愿望。有位学生写的建议书很有代表性——

建议书

我和同学们一起学习五年了，这个班从没评为三好班级，看到其他班级贴着三好班级奖状，怪羡慕的。我真希望我们班也成为优秀班级。我建议：

第一，大家上课要专心，不影响其他同学听课，既要上好班主任的课，也要上好科任老师的课；第二，同学之间要团结友爱、互相帮助、文明礼貌，不给同学起外号，不给老师添麻烦；第三，班干部要做榜样，关心同学，为班级集体服务，当好带头人；第四，大家要热爱学习，不怕学习中遇到的困难，认真完成作业。

我想：只要全班同学齐心协力，我们班级一定也能获得优秀班级的光荣称号。

建议人：薛宏
9 月 12 日

这份建议书目的明确，内容实在，条理清楚，看出他内心所希望的好班级的模样。

接着，利用班会课，组织各组代表交流建议书。会后，组织班干部深入讨论，确定几项可行的班风公约。最后，由我再提炼出内容简明、易记的班风公约。下面是我带过的一个班级的班风及内容说明，供一线老师参考——

进取——三个"天天"，即天天想进步、天天都自查、天天见行动。

团结——三个"友爱"，即干部之间友爱、同学之间友爱、干部与同学之间友爱。

守纪——三个"一样"，即所有课一样守纪、课内外一样守纪、校内外一样守纪。

好学——三个"自觉"，即自觉完成课内作业、自觉订正错题、自觉完成自助作业。

是种子，还要有合适的土壤，种子才能生长。老师要把班级集体建设成学生喜爱的成长乐园。制定班风，不能老师一厢情愿，要从学生中来，到学生中去。这样做一举两得，既训练了学生写建议书和说明文的能力，又培养了学生关心班级集体的责任感。

此后，我狠抓落实班风建设：一抓不间断的正面舆论导向，二抓小组遵守班规竞赛，三抓班干部素养培训，四抓写自查日记，五抓总结提高，每隔一段时间，提出新要求。这样一步一脚印，班风班规就不是贴在墙上的一纸空文，而是植根于学生心里的努力目标，良好的班风逐步形成了。

例谈二　教学设计中育人

【习作能力导学点】——指导学生学习写具体

养鱼贵在养水，养花贵在养土，教育贵在养心。学生"心"不动，焉能有行动？所以要"教人化人"。语文老师要针对本班学生的实际问题，把育人融于习作教学设计中。比如，针对学生学习态度欠认真的问题，我设计"育理"于课堂习作训练中：学生用心观察"认真"，实践"认真"，感知"认真"，表达"认真"，引导学生认真学习、做事。

【练笔目标】

我琢磨再三，确定本次习作训练"教"与"学"双方目标。

"教"方面来看：

一是通过本节课系列教学活动，培养认真的学风；二是利用创设的生活素材，指导学生围绕"认真"，写一篇习作，指导学生运用分解法把"认真"表达具体。

"学"的方面看：

一是注意观察现场生活，边观察边感悟凡事都要"认真"的道理；二是"知行一致"、实践"认真"；三是运用分解法把"认真"写具体。

【教学流程】

1. 课前准备。

课前，老师把珍藏的往届校友的各种书写优秀作业放在讲台上，上课时，让学生传阅、参观、比照、学习。

2. 谈话导入。

世界上怕就怕"认真"二字，凡事只要认真了，大多就能做得好。今天，我们上一节体验"认真"，围绕"认真"写具体的习作课。同学们先观察老师写粉笔字，然后参观钱老师以往学生的优秀作业，"照镜子"，找差距，学习学长们的学习态度，再试验一下，用最认真的态度书写几个字，体验认真书写的效果。

3. 感知"认真"。

老师示范"认真"——在黑板上书写成语：一丝不苟。

学生感知"认真"——讨论老师怎样认真书写。

生：我发现钱老师示范写粉笔字"一丝不苟"时，一笔一画，不随随便便，写得很规范，真的是"一丝不苟"。

师：你观察得仔细，才有所发现。

生：每一笔都有起有收，有轻有重，所有横画姿态一致向右上倾斜。

师：你观察很仔细，说得也准确。这两位同学是从书写笔画的状态看出"认真"。

（板书——从书写状态谈具体）

生：黑板上，虽然没有格子，但钱老师好像把"一丝不苟"都写在格子里，每个字都很端正。

生：四个字的笔画数都不一样，但大小写得差不多。

师：你的发现很特别。这是从写的效果说明"认真"。

（板书——从效果说具体）

4. 发现"认真"。

接着，学生观察学长们书写工整的作业，让学生"照镜子"，自我反思，端正态度，引导学生用分解法，把学长们书写如何认真说具体。不能空洞地写"我看到学长的字写得好工整呀""学长非常认真写字呀"。

（板书——发现"认真"）

生：我观察杜薇同学的书写作业，发现她写的字每一笔都规规矩矩，没有连笔。点是点，撇是撇，钩是钩。特别是横画，向右上倾斜方向几乎一模一样，可见她写字时十分细心。

师：说得好。这是近距离观察书写笔画，说明书写认真。说的"点是点，撇是撇，钩是钩"短语整齐、紧凑。你观察细致，才能真的发现"认真"。

生：我也可以这样说——这位学姐的字每一笔都写得非常规范，横平竖直，撇捺有力，轻重有别。我爸说，不用心写，表现不出笔力。

师：好！你说的四字词语，整齐、有节奏，很棒！同样讲认真写笔画，要写得不一样。这两位同学是从笔画细节说具体。

（板书——看笔画细节）

生：我观察了林曦同学的作业本，发现他每个字都在格子中间，大小一样，不偏不倚。我猜想写字时，他一定很平静，一定很专注。

师：真棒！请大家注意林晓梅说的两处很整齐的词语："大小一样，不偏不倚。""一定很平静，一定很专注。"专心听课，能从同伴嘴里学习表达哦。林晓梅从每个字书写规范说具体。

（板书——看书写规范）

生：我佩服詹路同学，看到她的笔记本，虽然只有横线，居然能把上下每行字都对得整整齐齐，不歪不斜，整页都很统一，像我们广播操排队似的。

师：你说的"整整齐齐，不歪不斜"很上口，还有比喻好形象、生动。

把整页字写得有美感，真不容易。这是从书写整页端正，看出认真。

（板书——看整页端正）

生：我看的是郑刚同学的习作本，我一页一页翻看，发现一整本字都工工整整，就连修改、订正的字，笔画也好清晰，一笔是一笔，没有糊在一起。他好有毅力！

师：是啊！看到整本作业书写美观，令人赏心悦目，看出书写认真，这更需要意志力。

（板书——看整本漂亮）

师：我们没办法亲临现场观看学长们怎样写字，怎样知道他们书写时是认真的呢？

生：从观察他们留下来的作业本上的字，感受到的。

师：（小结）对。你们看到的是学长书写的结果。从结果可以推断书写过程是认真的。刚才这几位同学从每一笔、每个字、一整页、一整本这几个不同角度，描述了书写的质量，很具体地说明学长们书写如何认真，这个方法叫"分解开来写具体"。

（板书——"分解"具体）

5. 实践"认真"。

紧接着，让同学们现场尝试用最好的态度，书写"一丝不苟"，比比看，谁知行一致，谁书写有所改变，用行动向学长们学习，实践"认真"。

6. 感悟"认真"。

写前，老师引导讨论：通过观察和书写实践，前后对比，体会到什么，请看学生发言。

生：看了钱老师以往学生的书写，我非常佩服他们严谨的学风。这作业像镜子，照出了我的毛病——不耐心。这是我怕麻烦的心理作怪。

师：是啊！写好字真需要耐心。

（板书——耐心）

生：我写字态度变好了。我一笔一画地写，起笔、行笔、收笔，把"一丝不苟"四个字，都写在格子里，不再忽而偏左，忽而偏右，忽大忽小，随便写了。

师：对！你态度确实不同了。从你说的不再"忽而偏左，忽而偏右，忽大忽小"随便写，看出你的确"一丝不苟"地写字了。这一串四字词语用得整齐、恰当。

（板书——态度）

生：我把刚才写的"一丝不苟"四个字，与昨天的字对比，没有学长写得好看，但是不再东歪西斜了。我的笔没有变，我的思想变了！

师：你有真感受！这说明，学习要有好学风，"心"正字就正。

（板书——学风）

生：我想：学长们行，我也行！我一定要改变马虎态度，力争把字写得规范！

师：对！人要争气，追求上进，做最好的自己。

生：我的作业也被老师表扬过，但忽冷忽热，作业多，就图快，结果又挨批。我体会到写好作业，要有恒心。

师：（小结）这是你的真体会，好！习作就要写真体验。无论做任何事情都要坚持认真，古语说"练字即炼志"，这个"志"，就是意志，就是说有意志力才会成功。

（板书——意志）

7. 练笔导航。

老师要求大家把这次上课过程写下来，并提出本次习作具体要求：

（1）围绕"认真"话题，把现场所见、所为、所闻、所感，有条理地写下来。

（2）点拨本篇写作思路，指导学生回忆这节课的三个过程——

观察老师板书"一丝不苟"——→观察学长书写作业——→动笔学写"一丝不苟"。

今天，这篇习作就按这个过程写。

（3）重点指导学生利用下面板书，把"认真"写具体，写出真体验。

（4）自己拟定题目要简练、明确。

整体板书——

```
         ┌看笔画细节↘                              ┌学风
         │看书写规范→                              │态度
具体 ─┤              "认真"——从书写认真，谈体验┤
         │看整页端正→                              │耐心
         └看整本漂亮↗                              └意志
```

8. 现场写作。

学生埋头写作。老师巡课，适当给写作困难户"开小灶"。

下课时，学生陆续把习作交给我。批阅此次习作时，我看到了可喜的变化：全班同学，书写都比原来规整，修改习作比过去用心，卷面比以往整洁，学生表达了"认真"的个性感悟。批阅时，我摘录了学生感悟的妙句和佳段，现引用片段与读者共享——

【精彩欣赏】

"照镜子"，找差距（片段）

林富霖

……学长的作业传到我这儿了，我急忙好奇地翻开看。哇！我差一点叫出了声，写得好工整呀！真的是每一笔都规规矩矩，横是横，撇是撇，每个字都端端正正地写在格子中间，大小几乎一样；每行字都工工整整，上下对齐，不偏不倚，像士兵列队那么整齐。我一页一页地翻看着，发现每一页字从头到尾都写得一样工整，真不容易！难怪许多同学会忍不住地啧啧称赞："好棒！"难怪钱老师会珍藏这么优秀的作业！

我还想多看一会儿，后排同学在催我快点把作业传给他们看。看了学长们的作业，它们像一面镜子，照出了我书写不好看的病因："心"不端正，字不美。

这位学生，从同学发言中得到启发，加上自己从每笔、每字、每行、每页多角度来审视，具体描述了学长是怎样认真书写的。

把习作训练蕴含于观察老师的示范、校友的优秀作业、感知"认真"的育人之中，让学生耳濡目染，这招妙棋叫"看服"。老师随机授之以渔——用分解法，把"认真"具体化，让写作与生活相融，与育人相融，借榜样照"镜子"，自我警醒，自我砥砺；再通过现场书写实践，内化吸收、提升，学生真正认识到"凡事都要认真"的道理。这种内生性的驱动力,远比外部强加的、单纯说教的效果要好得多。

例谈三　即兴习作中育人

【习作能力导学点】——学习多角度表达情感

习作教学是动态化的。语文老师要善于抓准情感教育良机,结合习作教学,在学生心灵播种情感。有一年十二月的一天,吴艳慧同学家半夜发生火灾,家里所有财物几乎被大火吞噬,学习用品也毁于大火。我得知后,利用晨会,开个"送温暖班会"。这是德育教育的契机,也是极好的写作活素材。

【教学目标】

1. 培养关心同学、帮助他人的思想情感。
2. 观察现场生成的生活情景,培养捕捉写作素材的能力。
3. 培养多角度表达真情实感的能力。

【教学流程】

1. 课前准备。

第二天晨会课,我做了三件事:第一,把吴艳慧同学的不幸遭遇告知学校,建议德育处借机开展一次全校性的少先队送温暖活动;第二,写一张领书字条,请中队长到教务处领一套五年级上期所用的课本;第三,晨会前,请美术科代表在黑板上写——"献爱心送温暖"班会。

2. 课上动员,激发情感。

(1) 简单动员,激发情感。

利用晨会进行关心同学、送温暖的情感教育。晨会上,我简要地告诉同学们,吴艳慧同学家遭遇火灾,大火无情人有情,希望同学们给她送去温暖。

(2) 献爱心,送温暖。

第一,中队长把全套新教科书送到吴艳慧同学面前。

第二,我当场拿出 100 元钱送到吴艳慧同学手里。她双手接过钱,感激地说:"谢谢老师!"我拍拍她肩膀,安抚她:"你们家一定会渡过难关,同学们会尽力帮助你的!"

第三,在班干部带领下,同学们纷纷伸出援手献爱心:送笔盒,送本子,送水笔,送铅笔,捐零钱等。仅几分钟,吴艳慧同学收到各种学习用品。

天虽冷,心是热的。小小年纪的吴艳慧,经历突如其来的不幸,目睹同学们真心关爱她的举动,亲历情感的浸润,她眼含热泪,中队长拿着纸巾递给吴艳慧同学……我也忍不住背过身去擦眼泪。

3. 现场写作,表达情感。

(1) 写前谈话。

第一节语文课,我动情地说:"谢谢同学们,这么真诚地关心暂时有困难的吴艳慧同学。这场面太感人了,希望大家利用这节语文课,把此情此景速写下来,把同学情珍藏到永远!好吗?""好!"同学们写作欲望被激发起来了。

(2) 练笔导航。

我提醒同学们本次练笔要注意三个"最":选择最生动的、最感人的画面,写出你最真切的感受。接着,做动笔写作前的思维热身,激发写作情感,重点交流怎样表达真实情感。

(板书——表情感)

生:听到吴艳慧同学的遭遇,想到五年来,我俩几乎天天一起上学,一夜之间,火灾让她一无所有。我心生同情,觉得她真不幸,应该安慰她,关心她。

吴艳慧的好朋友哽咽着,说不下去了。我示意她坐下,她伏在课桌上,难过地哭泣起来。周围好几位同学受到感染,有的埋头呜咽着,有的用手背擦拭泪水。

师:是的。你们一起上学,一起活动,是知心朋友。好朋友遭不幸,会更加难过,把难过的情感写具体,就很真实动人。

(板书——写内心)

生:我看到周围同学纷纷送学习用品给吴艳慧同学,送尺子的、送笔记本的……我在书包里夹层里翻找起来,摸到一块带香味的橡皮擦,送给吴艳慧同学。

师：送学习用品，急同学之所急，雪中送炭，"大火无情人有情"，许多同学都用行动表示关心。这是——

生：（接）用实际行动送温暖。

（板书——写行动）

生：（同桌）我听到许多同学安慰吴艳慧同学，有的说："艳慧，不要太伤心，你有困难，我们会帮助你的。"有的说："没事的，下午，我送一个新书包给你装学习用品。"

生：对呀！我也听到有同学还逗她乐："来，笑一个，嘻嘻！你还缺什么，尽管说。"

师：是啊！真懂事，俗话说得好啊："美言一句暖人心"，患难之时见真情。这是——

生：（接）话语关心！

师：言为心声，透过温馨的话语，可以感受到内心情感。

（板书——写语言）

生：我看到李毅华同学满脸微笑，手捧一本图画书，放在吴艳慧同学桌上，这笑容让人觉得温暖。

生：（同桌）我看到黄骅同学送本子时，眼睛红红的，她一定……（这位同学说到这儿，突然，背过身去擦眼泪）

师：是的。同学们都有一颗爱心。这种爱，有时会写在脸上。这是——

生：（接）从神态方面看出情感。

（板书——写神态）

生：我认为刚才捐献物品的场面很感人，也能看出真情感，钱老师刚说完吴艳慧同学的不幸，同学们纷纷行动起来，一个接一个送学习用品的场面，真令人难以忘怀。

师：（竖起大拇指）你对生活认识很敏感。是的，刚才那一幕让我们看到爱心在同学间传递，暖流在教室里涌动，真情在心湖里荡漾。这叫——

生：（接）写场面表情感。

（板书——写场面）

师：（小结）同学们亲历了一场真实生动的、没有彩排的献爱心活动。现在，请吴艳慧同学说几句心里话吧。

吴艳慧：（向大家鞠躬）我昨晚家里遭遇不幸，可是，刚才几分钟之内，我收到了许多同学捐给我的学习用品，收到了同学们的心意。大家对我的关心，我真的好感动！我会牢记同学情，除了谢谢，还是谢谢……

　　她边说边哽咽着，用手背擦眼泪。前排中间一位同学递给她一张纸巾，教室里响起热烈的掌声……

　　附：板书总设计——

```
                  写内心
                    ↑
    写语言 ←── 表情感 ──→ 写行动
                  ↙   ↘
              写场面   写神态
```

　　接着，同学们全身心地投入写作。下课了，同学们陆续把习作交给我。回到办公室，我迫不及待地翻阅习作，看到字里行间流露着纯真的真情。请看下面语段——

【精彩欣赏】

温暖的一幕（片段）

郑英

　　……我看到同学们纷纷送学习用品给吴艳慧同学，看到这温暖的一幕，仿佛看见了同学们金子般的爱心。我也毫不犹豫地把爸爸送给我的生日礼物——新钢笔，送给吴艳慧同学，又想到她需要笔盒，毅然把多功能笔盒送给了她。她含泪说："谢谢！"我心里乐开了花，觉得我送的不单是学习用品，还有真诚的心意。

　　播种真情，收获真情。同学们的爱心打动了吴艳慧同学。她习作的结尾写得很真实、动情——

　　……我看见同学们手里拿着学习用品向我走来，无比激动；望着桌上放着各种学习用品，不止一次眼含热泪，忍住不哭出声，内心无比感动。同学送给我的是关心，是爱心，是温暖，是珍贵的真情啊！

　　语文老师要善于利用偶然生成的育人素材，敏锐地把习作教学融于育人之中。事后，我在教育日记本中写下这样的思考——

播种勿错过农时，育人须抓住良机。要做教育教学的有心人，寻机创设情感教育场景。学生亲历这样的场景，会把你我的善举拍摄在眼里，把彼此的情感深埋在心底。我没有过度指导写法，更没有做话剧式的"彩排"。课堂即兴写作时，学生现场的生活情景历历在目，"情动而辞发"，所以学生习作思路清晰，情感在笔端自然流淌。

例谈四　习作留言中育人

【习作能力导学点】——观察身边的人和事的细节

小学生处在生长期，认识能力有局限性，常是正确与偏差、错误并存。语文老师要树立读文"育人""育心"的观念，随时引导纠偏。我常在习作批改栏写指导性、针对性的留言育人，促其纠正，发展心智。指导学生注意观察身边人的言行细节，发现真、善、美，崇尚真、善、美，弘扬真、善、美。

有位女同学在习作中流露厌讨后妈的情绪。我觉得要给她点亮一盏心灯，消除心里阴霾，改善母女关系，促进学生精神成长。我在教师批改栏里，写下指导观察人物言行细节的眉批留言——

后妈不爱你，让你难受；也许你误解了后妈，她一样会更难受。建议：

第一，悄悄观察后妈的点滴细节，特别是她关心你的言谈举止。这样做，也许你会改变对她的看法。

第二，你瞅准机会，试着做一件能让后妈高兴或者感动的事。好吗？

真言润心田，润物细无声。周一上午，我在这位学生的周记本里，读到她对后妈的内心情感发生了微妙的变化——

星期五下午放学回家时，我看到后妈生病了，想到钱老师的建议，觉得为后妈做一件事的机会来了。

我来到厨房，学后妈那样，捞线面、炒蛋，分成两碗。我端着一碗线面，到后妈跟前，说："坐起来吃线面吧！"

后妈勉强撑着坐起来，慈爱地望着我："女儿真懂事！"

此时，四目相望，我注意到后妈眼里闪着泪光。我……我真没想到她会这样激动，不敢再对视她的目光，转身向餐厅走去。我独自在餐桌边，边吃边回忆：三年来，后妈为我洗过多少衣服，为我煮过多少次饭，我从没感激过，觉得这是她应该做的，还对后妈看不顺眼……今天，我第一次给后妈煮一碗线面，煎一个蛋，她却这般动情！以前，我真的不理解大人的难处，我对后妈真有偏见？唉，我真想说："妈妈，对不起！我真不应该抱怨你！"想着，想着，眼里湿湿的。

后来，我有意观察后妈的举动。一次，我上体育课，不小心摔了一跤，裤子磕破了个洞，左膝擦破了一层皮。回家后，我换了条裤子，把破了洞的裤子放在床铺上。

下午放学，我刚走进客厅，后妈手里捧着那条破个洞的裤子，关切地问："云儿，你裤子怎么破了个洞？哪里摔痛了？快让妈妈看看！"后妈让我坐下，我抬起左腿，她伸手把裤子拉到膝盖处，看到膝盖磕破了，皱起眉头："你怎么不告诉妈妈？"说着，起身拿来家用药箱，取出棉签，蘸了消毒酒精，轻轻地为我清洗伤口，细心地抹红药水，心疼地问："还痛吗？"我摇摇头，百感交集，骂自己：我真不该对后妈那么冷漠，那么反感！

晚上，我看到后妈在客厅沙发上，走针引线，缝补我裤子的破洞，忽然想起亲妈也曾这样为我补衣服，这专注的神情，这熟悉的手势，啊，她就像我亲妈！我再也忍不住，扑到她怀里："妈妈——"妈妈放下针线，伸出左手轻轻抚摸着我的肩膀，一下，两下，三下……那瞬间，我的心暖暖的。

——五年级　林晓云

小作者多处细腻地描写了后妈的言行细节，感人至深。至今还记得，当年读到这儿，我曾热泪盈眶。同事见我这样激动，问何因。我让他看这篇周记，他读到后面，也红着眼："钱老师，这篇周记是学生用'心'写出来的，真是'心动而辞发'啊！您做思想工作真是到'家'了，您指导学生写作真是卓有成效。"

我当即在周记空白处，写下留言——

知道你为后妈做了应该做的事，通过日常观察，发现后妈的良苦用心，后妈关心你的细节，消除了对后妈的误解，改称"后妈"为妈妈。老师特高兴！祝贺你，成长了，希望你们母女愉快相处！

此刻，写到这里，我眼角依然湿润。真是"几句留言点心灯，一碗线面化情结"！教育就像品味一杯香茗，入口清淡，回味悠长。

事情发展令人欣慰。后来，在日记中，这位女生全部改称"后妈"为妈妈了，变得阳光、积极向上了，习作也写得越来越精彩。我想：浇花要浇"根"，习作教学要从"心"开始，引导学生用"心"观察身边人物，用"情"蘸着墨水，笔下的习作就会生动、感人。

我认为老师批阅习作时，不能简单地写个"阅"，画几条波浪线，而要形成育人的语言体系，勤于写励志留言。学生习作表达了追求进步的愿望，写一句"相信你能用行动证明自己"；发现学生日记中，敢自我批评，解剖不足，写一句"你能看到自己的问题，成长更快，为你点赞"；发现学生习作有所进步了，写一句"祝贺你！努力终会收获硕果"。这样暖心的留言如春雨润禾苗，成为学生成长的推动力。

我写留言，给学生加油鼓劲，传递我的期待与情感。留言，在师生之间架起一座融德育于写作训练的"心"桥，我和学生一起走在这座"心"桥上，同思、同乐、同成长，心中充满成就感！

例谈五　编书活动中育人

【习作能力导学点】——学习编辑自己的习作集

习作教学任何一个环节都要以人为本。习作教学育人与思想品德课不同。老师要善于用学生教育学生，让学生激励学生，办法是将习作训练自然地与育人活动相结合。我常开展一系列磨炼学习品质的活动，常常是先与班委讨论研究，再确定开展，如"观察新闻练笔比毅力"活动，"办手抄习作报"活动，"编书、展书、评书"活动等，这些全班性活动开展得红红火火，现以最有创意的"编书、展书、评书"活动为例，略加说明。

（一）编书活动理念

1980 年代初，一次秋游回来后，好几个学生居然利用周末两天时间，主动写了六七篇习作，一本二十五页的习作簿都写完了，有学生甚至写了七千多字。我浏览后惊喜之余，得到启发，要在首创的"办手抄习作报"语文实践活动基础上，尝试指导学生开展"编书、展书、评书"活动。《语文课程标准》指出："语文课程是学生学习运用祖国语言文字的课程，学习资源和实践机会无处不在、无时不有。"开展"编书、展书、评书"活动，就是为学生创造一项融习作、修改、美育、书写于一体的综合性语文实践机会，也是培养学生意志品质的育人举措。

（二）指导编"书"

1. 指导选文。

编"书"需要许多文章，又不能增加学生负担，怎么办？我指导学生找出单元习作、日记、周记、读书笔记，从中选择最满意的文章，编辑成"书"。体裁包括写人、记事、绘景、状物、读后感、看图习作；题材包括趣事、心事、喜事、好事，及丰富多样的课余生活、五彩斑斓的社会实践活动。选文既体现题材的广泛性，又体现了学生的自主性。

2. 提倡修改。

老师要告诉学生："书"，要让别人看，所以编辑装订成"书""出版"之前，还得修改，尽可能不要出现明显的差错，然后慢慢地抄正。修改的方法是：（1）师"批"生"改"；（2）自读自改；（3）互帮互改；（4）反复修改。编书，促使学生精心修改，训练了学生的修改能力。

3. 指导编排。

既然编"书"，就要编得像模像样。书的整本结构，除了主体文章，还需要写前言、编目录、注页码、制作封面、封底。学生毕竟是刚学编书，到关键的编排阶段，我指导学生做如下工作：

第一，指导抄写。自己编的习作"书"，除了自己可以看，还要与别人交流阅读，所以"印刷"——抄写质量是很关键的一环。我采取如下措施，确保"印刷"成功。

一是为了手抄书的字大小统一，指导学生设计一行16格的竖格垫板。

二是为了能够让每一页书写做到整齐美观，抄写时，要将横格纸放在竖格垫板上，用夹子夹住，每天自主练习写两行字，标点占一格，力争上下行字字对齐。

三是购买厚封皮的本子（约80页）抄正。自己觉得字写满意了，就用黑水笔"印刷"——课余抄正文稿，做到耐心细致。

结果，所有学生抄写文稿时，都小心翼翼，书写态度格外端正，书写水平大大提高了。

第二，指导编目录。我让学生找来不同版本的习作选，利用晨会翻看这些习作选的目录编排，借鉴、学习他人的编排方法。学生发现有几种编排思路：有的按年级顺序编排目录，有的按体裁类别来编排，有的按题材内容归类编排。我鼓励学生编出个性化的目录。儿童有儿童的思路，他们与大编辑想的不一样。下面这位学生编的目录就颇有特色，她把精选的56篇文章，编成五个单元：一、阳光照耀我心田；二、家，温馨的港湾；三、大自然，艺术的画廊；四、"笑"园，我成长的摇篮；五、我成长，我快乐。这样的编排，真正体现了学生独特的思路与独创精神。

第三，指导写前言。书都有前言。我启发学生，可以模仿别人写前言，指导学生发现前言一般包含以下内容：一介绍这本"书"的内容；二这本"书"编辑的过程，告诉别人编"书"过程的艰辛，以及编"书"独特的感受、体会、启迪；三是前言末了希望读者提意见等等。请看学生的前言摘句——

*这本"书"编进我童年的欢乐，童年的梦想，童年的趣事。我想十几二十年后，再翻读，一定会打开记忆的闸门，会读到欢乐的笑声，看到彩色的画卷。

*好奇怪，编书过程，我好像在完成一件大事，每天除了学习功课，还挤时间"印刷"、装饰。真是"一分耕耘，一分收获"。虽然辛苦，可是心情愉悦，爸爸妈妈见我这么用心，夸我有志气。

*两个月的努力，我这本自己的"书"，终于"出版"了，特别开心。编

"书"磨炼了意志，我感到一切努力没有白费。现在，写"小"书，将来，我说不定会出版真正的书！

第三，指导装帧修饰。为了让自编的习作集更像"书"，更加精美，更有创意，我指导学生做编书辅助工作——

一是在"书"的空白处，用彩笔画上富有童趣的插图，或贴上裁剪的插图。

二是利用美术课学到的本领，设计习作标题字体，要求习作标题、位置、形式要变化，在空白处添加花饰，给"书"编写页码。

三是用图画纸贴在本子面上，制作"书"的封面。封面上画喜欢的画，再给自己的"书"起个恰当名字，注明××出版社出版，写上作者名字。在封底标价时，有的学生写上"无价之宝"，可见学生对自己编辑的书，非常珍爱。这样，一本"书"就正式"出版"了。一个学生这样描述"书"出版后的感受——

今天，我重阅了在我手中"诞生"的自己习作集——《童年的脚印》，再次看到那醒目的标题，整齐的书写，有趣的插图，读着我用心"印"出来的"书"，想到我家书架上，摆着我编的自己习作"书"，很有成功感……以后，我还想接着编出更多自己的习作"书"。

由此看来，编"书"活动还培养了学生的读者意识。学生看到自己手中诞生的"书"，无比自豪。是啊，成就感是一种巨大的情绪力量，它可以促进儿童智商、情商同步发展。

（三）举办"书"展

两个月左右，学生编辑的"书"陆续"出版"，我动员学生把"书"带来，摆在课桌上亮相。我利用一天下午班会和课后时间，举办小"书展"。摆在课桌上的"书"，厚的、薄的，各不相同。我组织学生自由参观、交流，还邀请家长来观赏，与孩子分享编"书"成果。请看家长参观学生"书展"后，写的感言摘录——

＊看了孩子编的"书"，很惊讶，完成一本"书"需要毅力。"书"中内容丰富，看出孩子富有创造能力。这样的语文实践活动，对我们家教也很有

启迪。

＊编书活动好，孩子热情高，动脑又动手，好比练长跑！

＊编书让我的孩子懂得什么叫坚持就是胜利，什么叫先苦后甜。将来，在书店的书架上，一定会看到孩子出版的书。

从家长的留言看出孩子编"书"很投入，家长十分赞赏。

（四）引导评议

举办"书"展，让学生展示自我，互相激励，取长补短。"书"展过程中，我要求学生认真品读每本"书"，引导他们从不同的角度去评议和欣赏，启发他们为同伴的"书"写留言。而后，我组织中队委和小队长成立评委会，做几件事：

一是投票，请两位同学计票，最终评出综合奖——最佳十本"书"；评出单项奖：最佳书名、最佳抄写、最佳插图、最佳封面、最佳前言、最佳装帧。

二是利用晨会，发给编"书"纪念品。

三是请中队干部给最佳十本"书"和单项奖的获得者送表扬信；给获奖同学的家长写贺信。

评"书"的体验，让孩子们发现"有志者，事竟成"，觉得"我能行"，再次点燃了孩子们学习语文、乐于写作的热情之火。

（五）编"书"反思

福建师范大学博士生导师潘新和教授看了我引导学生编辑的习作"书"后，他认为——

儿童写作、编书，是让童年、童心永存的最佳方式，是为儿童立言，是留给未来人生的无价瑰宝，是送给人类、世界一片绿荫。

随着"编书、评书、展书"不断完善、发展，效果也越来越好。时任校长王瑞气这样评价：

钱本殷老师首创的小学生编辑自己习作选，是集阅读、写作、修改、编辑、装帧于一体的语文实践活动，它展示了学生的综合素质。

专家学者的肯定，让我更坚信这句话："当教师用心地为孩子们点亮一盏心灯时，就可以用爱的今天，点亮孩子的明天。"指导学生开展编"书"活动，曾获得省少先队活动金牌奖，我有两点感想——

一是语文教学，必须走出单纯应试的误区，老师要挣脱考试、"业绩"的桎梏，教语文，练习作，引导学生创造性学习语文，成为大语文学习的"探究者"，这才是理想的语文教育。

二是编"书"真能"牵一发而动全身"。编"书"的初心是，利用编"书"活动，把习作教育与育人结合，培养学生意志品质。事实证明，编"书"的确能睿之以智，励之以志，体现综合素养。所以值得老师们研究与探索。

习作教学是一项立体工程，如果字、词、段、篇、法的指导，听、说、读、写、思的训练，是"黄金链"，那么串联"黄金链"的"线"，就是立德树人。一线语文老师在习作教学中，要以自己的风范启迪学生，以校友的故事感化学生，以身边的榜样激励学生，以多彩的活动磨砺学生，让学生从骨子里持久地爱上写作。我的习作教学成功经验告诉我：要坚持做孩子情商、智商、心灵成长的点灯者、引路人。

第二讲　培养兴趣新举措
——习作激趣有良方

苏联教育家苏霍姆林斯基曾说:"兴趣可以看作既是学习的原因,又是学习的结果,正像兴趣是过去的学习的产物,兴趣也是促进今后的学习的手段。"各行业许多人士的成功,都证明兴趣与成才是密切相关的。从学生习作成长的过程看,语文老师风趣幽默,课堂氛围轻松愉快,写作内容新颖鲜活,都是激发学生写作兴趣的基本条件。老师要常变换训练方法,保持训练新鲜感,学生写作兴趣才会持久。

例谈一　真情激趣

要让学生对习作产生兴趣,语文老师应该具备情感张力。每逢接班伊始,我都会充分准备,上一节别开生面的见面课,进行情感投资,以激发学生的学习兴趣。

(一) 见面课前,写新寄语

新接班第一课,要出乎学生的意料之外,给学生良好印象,就像戏剧拉开序幕就能引人入胜,过程一定精彩纷呈,结果一定丰收满满,令人回味无穷。我曾经在新学期第一节课之前,精心做了这样的准备工作——

1. 妙写寄语表心声。

开学第一天课前,我在班级黑板中央用彩色粉笔写简短的寄语。下面是其中一则寄语。

新学期新寄语

可爱的同学们：

祝贺同学们升上五年级，欢迎来到新的教室和钱老师分享学习乐趣。新学期，我有幸担任你们的班主任和语文老师，好想早点见到大家。新学期，老师送大家常见的民间谚语："人贵有志，学贵有恒。"我希望每个同学战胜自己。我会让同学们感受到语文是很有意思的，习作是很好玩的，和大家一起解开写好习作的密码，收获习作成功的喜悦。

  此致

祝新学期健康成长！

你们的大朋友
语文老师兼班主任钱本殷
9月1日

写新学期寄语，字里行间注入老师的情感，旨在向学生表达老师的愿望，通过寄语让学生对新老师、新学期留下良好的第一印象。

2. 美化黑板播真情。

我召集班级美术特长的学生，指导他们用彩色粉笔在寄语左边画五十朵花（因班级人数不同，花朵可增减，且尽可能画出姿态各不相同的花朵），象征班级学生数，朵朵灿然开放；在寄语右边画几串燃放的鞭炮。我让粉笔字写书最好的同学，在寄语左右边竖着写一副工工整整的导学对联——

    习作有路"趣"为径

    学海无涯"乐"作舟

    横批：乐学好问

最后，我要求学生在黑板的下方郑重地签上本期黑板美工创作者的名字，以示负责。新学期伊始，这样装扮美化黑板，旨在营造别开生面的开学新氛围，给学生全新感觉。抄写寄语、装饰美化黑板的工作，放手交给学生完成，既可以发挥其特长，又可以培养学生的责任心。对此，我曾写了下面几句教育随想心语——

教育是滋养心灵的艺术。新学期，学生对新老师或多或少都有新期待，老师接手新班，要在"新"字上下功夫。写寄语，传递真情；画花朵，以美怡情；写对联，巧含蕴意。从表面看，这似乎与语文教学（含习作教学）无直接关联，实质上施教的同时，也在播种情感，启迪学生思考，给学生创造生活，促进学生茁壮成长。

（二）见面课时，蜜语传情

第一次见面课上，我不说耳熟的老话，不谈陈旧的套话，"新官"上任不点"火"，而是甜言蜜语传递情感。全国语文著名特级教师薛法根说："作为基础教育来讲，首先是让孩子喜欢你，因为老师都有爱，但是最重要的是让学生感受到你的爱。还要让学生爱上你，爱上你，他才能爱这门学科，爱学习。"我非常赞同薛特的观点，学生爱上你，爱屋及乌，就会爱上你所教的学科。

上好见面课，留给学生第一印象很重要。接班见面课，老师要像一块磁铁，能吸引学生，让学生喜欢上你。初次见面时，我描述观察到的美好印象，尽量用富有美感的新词汇逗乐学生，把我的情感传递给学生。

记得有一次，开学第一节见面课，我边谈话边观察同学在新学期第一次听课的细节表现，再作一番描绘，饱含情感的声音在教室里回荡——

同学们，钱老师好喜欢我们班！你们刚才听老师讲话时，是那么专注！我好感动，我要按下照相机快门，准备拍几张你们听课的各种美好姿态的照片啦！好！（我摆出拍照的姿势，口喊:）预备——"咔嚓，咔嚓！"我看到镜头中，许多同学挺直腰板儿，也有同学眼睛直望着钱老师，同学们真像小军人！

现在，我要录下大家开心的样子啦！来，笑得自然一点，开放一点！好，我看到有笑得合不拢嘴的，有前俯后仰的，有笑不露齿的。咦？还有用手掩住嘴巴笑的，这是谁呀？太可爱啦！

请同学们注意，现在，我准备录下你们的笑声。准备——放声笑！好嘞！我录到"哈哈哈"的笑声，"嘿嘿"的笑声，"呵呵"的笑声。

"语言能传递情感。"当我用这样炽热的"情话"去拨动学生心弦时，激情的话语，会长久地荡漾在学生的心田里。各地来福州听我讲座的骨干老师，课后深有感触地说："钱老师这样上课，语言富有磁性，饱含情感，没有学生不喜欢的，没有学生不乐于写作的！"

我在"教育随想日记"中，写着一则关于新接班见面课的思考——

新学期第一节课，就像话剧拉开了序幕，要耳目一新。语文老师设计的第一节见面课，要千方百计地融"情"于"新"字中，在"视觉""听觉"和"心觉"方面都要给学生全"新"的刺激与感受，给学生真"情"的浸染与润泽。这种"新"与"情"含金量有多少，传递真情就是多纯的金。"亲其师，信其道"，宛若"鲜花引蝶"。见面课，真情激趣，在学生心灵上耕耘，会留给学生美好的印象。

(三) 见面课中，亮出绝招

见面课中，为了使学生学习情绪更高涨，我亮出创意新招：请学生"考老师"，指定任意观察目标，老师现场"下水"口述，这个新招，富有挑战性。

记得一次见面课，有位学生要我描述本班任意一位学生，让他们猜猜描述的是谁。这真有难度，同学们以期待的目光望着我，我不能犹豫，当即寻找"下水"口述目标，选定了一位男同学作为描述对象，目光停留在他脸上数秒，略作思考，张口就说。以下是我课后追记的口述内容——

他，好可爱！红扑扑的脸蛋，腮帮子肉嘟嘟的；笑起来，两个小酒窝更加明显，脸转向右侧时，会发现左边的酒窝似乎浅一点。瞧，老师说话时，他那双眼睛，专注地望着我。今天，虽然天气不热，可是他鼻尖却冒着小汗珠。最有意思的是，他的眉毛时不时地往上一扬一挑的，好像眉毛会说话。请问，我描述的是——

"陈晓波！陈晓波——"学生几乎同时望向第三排左边的一位男同学，异口同声地叫起来。原来我描述的同学叫陈晓波！我追问："你们怎么猜得这么准呀？真厉害！"

接着，我录下了课堂上有趣的互动谈话——

生：不是我们厉害，是您说得很像陈晓波呀！我们班腮帮子肉嘟嘟的，只有两位同学，一位是徐路遥同学，他没有酒窝；一位是陈晓波，他才有酒窝。

生：陈晓波同学左边酒窝的确比右边的浅一点，我们太熟悉啦！

生：还有，他平时眉毛就喜欢向上一挑一动的。

生：老师，您刚来上课，怎么会把陈晓波说得这么像呢？

师：问得好！因疑而问，是学习的重要品质，给你点个赞！说得准确，没有秘密，就是抓住瞬间第一印象，盯着观察对象，捕捉主要特点。

生：就是课外辅导书上说的要抓特点，看得清，才能写得像吧！

师：对呀，人人都有五官，你就要抓住与众不同的一个点来说，才会说出唯一的"这一个"，才会画谁像谁。

每当这时，学生凝神倾听着，欣赏着，有时，还鼓掌喝彩。我也在经常"下水"口述磨炼中，提高了口才，感到其乐无穷。

我现场"下水"描述陈晓波后，他当天在日记中写了一段话——

今天，钱老师把我作为第一个说话的"模特"，我真幸运！当钱老师说"腮帮子肉嘟嘟"时，我希望描绘的是我，拉长耳朵听着，老师说酒窝，说眉毛时，我自己都觉得眉毛一挑一扬的，越听越觉得老师在描述我。钱老师的眼睛好像照相机，把我拍得那么像。好奇怪！一次谈话，竟让我感到习作并不那么可怕。

瞧！当"鲜明的形象的词像小溪一样流进了学生的心田"（苏霍姆林斯基语）时，学生新学期学习情绪、习作兴趣的风帆被鼓起来了。老师现场即兴"下水"口述，是激发写作兴趣的绝活妙招。

（四）见面课后，趁热打铁

见面课后，我趁热打铁，布置学生写第一篇日记——向新接班的老师说掏心窝的悄悄话——《老师，我真想对您说》，目的是了解学生对老师的第一印象，了解学生心灵感受与需求，了解写作能力，以便根据"学情"，制订教育、教学管理措施，习作训练策略。

第二天，我收来日记浏览一遍，收获颇丰，摘录了值得语文老师思考的片段。至今我翻阅笔记中的片段心语，依然宛如有一股暖流涌上心头——

钱老师，我真不喜欢整天板着脸的老师，好害怕老师"凶"我们，老师一"凶"，我心就发慌，会避开老师的目光，不敢看老师。您今天一上课，我觉得您很和蔼可亲，好喜欢您啊！您说的许多话，好有趣！您是不是看过好多书呀？我斗胆地问，您对习作写不好的学生会罚写，会责备吗？

——四年级　连铭铭

老师，您知道昨天上午上完见面课，我们同学怎么谈论您吗？我悄悄告诉您吧，我们说您有些语音说不准，但说话幽默、好玩，有时还手舞足蹈的，逗得我们乐呵呵的。说您好像是我们的大朋友，说您有一种特别的吸引力，说您脸有点黑，哈哈！我想问您是不是喜欢户外锻炼，被太阳晒黑的呀。

——四年级　顾静怡

从至真的童言中，我读到孩子们的童心与童情，孩子们的需求与热望，孩子们的喜好与厌恶。尽管和学生接触才半天，但是学生已经向我敞开心怀，这着实让我惊喜与激动。

记得，有位家长在新学年开学第二天，就让孩子给我一封信。她在信中告诉我——

钱老师，昨天，孩子一回家就破天荒地说了一大堆对您的评价，说您像一块磁铁很有吸引力；说您上课生动、有趣，孩子对您第一印象特好。孩子信心满满地表示："新学期，要好好改掉粗心的毛病，变成崭新的我！"孩子新学期有这样新的精神面貌，我们家长也很宽慰。我们会紧密配合老师，促进孩子健康发展……

老师新接班时，尤其需要感情投资，需要施爱激趣。当老师用热情新鲜的话语去唤醒学生心灵时，学生就像久旱的禾苗得到雨露滋润一样，打起精神，用心投入学习。我在《育心随笔》日记中，曾写下一句话：

老师播种的情感要融化在学生的血液里，被学生接受，并且飘荡在思念的心湖里，这才是教育教学成功的体现。

例谈二　新颖激趣

语文老师接任新班级，上好习作训练第一课，是一种激趣策略。第一节习作课，老师要解放学生的思想，改变学生对习作的种种误解，让学生觉得习作不可怕；从智育角度来说，习作是水中养鱼，习作如农事，是慢效应。

第一节习作课要特别新颖，激发写作兴奋点，切实让学生着迷。

基于此，我精心准备第一节习作课，设计新巧，形式新颖，内容新鲜，让学生眼前一亮，看到习作课的新形式、新景象，学生觉得写习作是很有意思的。这就要让学生尝到习作成功的甜头。我用过如下创新招数。

（一）猜本班学生名字谜写习作

我发现猜谜是儿童喜闻乐见的游戏，得到启迪，我试着制作本班学生名字的谜语。下面是我创意设计第一节习作课的方案之一：猜本班学生名字谜。一线老师可根据所接教学班级特点和自身特长，移植改造再创新。

【教学目标】

1. 让学生消除对习作畏惧感，激发写作欲望，培养写作兴趣。
2. 把猜谜几个过程有条有理地记叙完整、表达清楚。
3. 写好猜谜时的思考过程和体验。

【教学流程】

1. 课前准备。

第一，从班级点名册里寻找可供编写谜语的名字，经过思考编出若干个谜面，抄在卡纸上，或者待上课时，随着猜谜的进程，逐条抄在黑板上。

第二，准备一些孩子喜欢的小奖品（随机奖励）。

2. 谈话引趣。

同学们，课前，钱老师动脑筋自己制作了几个谜语，谜底都是我们班同学的名字哦。好玩吧，你们对本班同学的名字最了解，最熟悉啦，大家仔细想，一定能猜得出来。猜中了，有奖品哦！

3. 思维热身。

上课时，安排时间作必要的"思维热身操"——为上课作思维准备活动：

一是老师适当讲些谜语知识，比如：讲常用的猜谜方法，如，拆字加减法、意会法等。

二是尝试猜谜，为上课作思维预热。比如：先尝试猜一个难易适中的小谜语：

人有它大，天没有它大。（打一个字）

这个谜面关键是理解"它"的意思，谜底就迎刃而解了。学生很快发现"它"是指"一"，因为"人"加上"一"，就是"大"字；"天"字没了上边的"一"也是"大"，所以谜底是"一"。猜出谜底的孩子们会有自豪感，激发他们上好这节课的兴趣。教学设计要易于操作。

4. 亮出谜面。

＊左十八，右十八，运动会中都有它。（猜本班同学姓名）

＊河边没水有人来，惊动黄鹂鸟飞去。（猜本班同学姓名）

＊赤日炎炎似火烧。（猜本班同学姓名）

（谜底依次是：林云、何丽、严阳）

5. 猜谜方式。

我安排的猜谜方式略有变化：

第一个谜：小组讨论，活跃气氛，组长汇报谜底，说清理由，组员补充。（为描写对话创设生活）

第二个谜：个人发言，说明理由。（为记叙理由提供素材）

第三个谜：每个同学在心里猜。（为描写内心思考做准备）

6. 练笔导航。

思路点拨——引导按猜谜顺序写：猜第一个谜（适当写对话）──→猜第二个谜（写清楚理由）──→猜第三个谜（写好心里思考过程）──→猜谜体验

遣词点拨——指导学生讨论"猜"的近义词：思考、猜想、沉思、静思、琢磨、思来想去、左思右想、思考再三等等，目的是为避免习作表述时，重复使用"猜"字。

难点点拨——心里"猜"的过程是难点。学生常犯一个毛病：只会写"猜呀猜，猜出来了"，实际上怎样"猜"还是空洞无物的。要把这样"猜"，那样想的具体内容，哪怕猜错的也要展开描述。

7. 老师小结。

课结束，老师说一番鼓励的话："同学们，这是新学期第一篇习作，老师看到同学们积极参与猜谜活动，乐于开动脑筋，写作时也十分投入。这是良好开端，我相信大家捧给老师的是一篇篇用心写的习作，是一份份暖心的喜报。"

我这样充满情感的小结，点燃了学生写作兴趣之火。请看片段——

【精彩欣赏】

这种谜语真有趣（片段）

陈 晨

没想到，真没想到！往常习作课都是老师在黑板上出一道单元习作题，让我们埋头写。可是，今天钱老师上的第一节习作课，居然是先猜本班同学的名字谜！然后写习作，感觉特新鲜。所以我和同学们好像打了兴奋剂一样，跃跃欲试。

我望着谜面："左十八，右十八，运动会中都有它。"思考起来：对了，这个底肯定是两个字的，第一个字准是左右结构的姓，而且左右部件，不仅形态一样，笔画数也一样。我想到姓氏中，符合"左十八，右十八"这个意思的，只有"林"字。我心中有数了，谜底与姓"林"有关。那么"运动会中都有它"指什么字？突然，我发现"运动会"都有"云"这个部件，"它"，不就是指"云"吗？对！合起来谜底是"林云"，哈哈！我太激动啦，差点叫起来："谜底是'林云'！"

猜本班同学名字谜真的好有趣，是上学四年来的第一次。钱老师真有办法，居然能自编同学名字"谜语"，这本身不就是一个"谜"吗？

我看了新学期第一篇习作，更坚信上好接班第一节习作课的重要性。把本班学生名字编成谜语，让学生猜，学生兴致盎然地写作，拉开了新学期习作教学"新序幕"，激发孩子爱上写作，解放孩子心灵，是很关键的一步策略"棋子"，也是我的创意导学方法之一。

【意外之喜】

有意思的是，我设计猜本班学生名字谜写作教学的情景，竟然会珍藏在学生心底。我曾收到千里之外一位女学生来信，信中透露了暖心的趣事——

这位女学生来信中说，对我把她和班级学生的名字编成谜语，印象特深刻。长大后，这位女生和男朋友热恋到了临近结婚时，在男友家客厅里，忽然想测试男朋友的智慧，以此增添浪漫情趣，亮出我以她的名字编成的谜语，请男朋友猜一个人名："左十八，右十八，运动会中都有它。"

她来信说，男友没反应过来，猜了一会儿，没猜出是她的名字。她暗示谜底就在客厅里。男友环视客厅一周，最后，目光落在她身上，脱口而出：

"哈哈！谜底就在眼前，宝贝，就是你的名字呀！林云！"而后，他俩拥在一起，她自豪地告诉男朋友，这是她上小学四年级时，教语文的钱老师用她的名字编成的谜语，还夸是我让她爱上写作。

真是意外之喜，我用学生名字编成谜语，成了被"学生带走的东西"，居然还演绎了一次美谈，书写了一则温馨的故事，谱写了一曲甜蜜的情歌。

（二）看图猜成语练笔

学生容易产生审美疲劳，习作教学切忌"千课一律"。我再提供几种有趣而富有创意的猜谜方式。老师们可触类旁通再创造，精心设计接班第一节习作课。请看下面设计的图示及教学流程简述——

【设计图示】

看图示，猜成语：

心心心心心	百百百百百	无无无无无
心　数　心	百　　　百	无　　　无
心心心心心	百百百百百	无无无无无
图 1	图 2	图 3

（附：图 1 谜底：心中有数；图 2 中填"一"，谜底：百里挑一；图 3 中填"有"，谜底：无中生有）

【教学目标】

1. 学习观察并分析画面。
2. 学习把画面特点写清楚，把思考过程写具体。

【教学流程】

1. 观察思考。

以图 1 为例，在图 2、图 3 中间填上适当的字，使之成为四个字的成语。

2. 描写图示。

描写图示画面特点。同桌之间一起数数四周多少字，猜猜什么意思。

3. 尝试编谜。

学生模仿例子，学习制作类似的谜语，同桌交流互相猜，然后说说自己谜语编得怎么样。学生饶有兴趣地尝试编了 60 多个这类谜语。老师要相信学生的创造潜能，他们积极开动脑筋，现场编出了许多仿中富有创意的谜语，请看——

急急急急急	雾雾雾雾雾	其其其其其
急　智　急	雾　花　雾	其　乐　其
急急急急急	雾雾雾雾雾	其其其其其
（1）	（2）	（3）

```
    牛              心　心          雪雪雪雪雪
   牛 牛           心　心　心        雪雪雪雪雪
  牛 毛 牛         心　数　心        雪雪炭雪雪
 牛 牛 牛 牛        心　　心         雪雪雪雪雪
                    心
    （4）           （5）            （6）
```

（谜底依次为：急中生智、雾里看花、乐在其中、九牛一毛、心中有数、雪中送炭）

4. 练笔导航。

思路点拨——指导学生回忆上课过程：出示谜面→看图猜谜→学编新谜→交流编谜

重点点拨——本次习作猜成语谜和制作谜语是重点。"猜"的思考过程和制作成语谜过程必须展开来写具体。

体验点拨——这是第一次猜这类谜语，也是第一次学习制作谜语，关键要写好"第一次"的新鲜感，突出独特的感受。

这种教学设计符合学生认知规律，简单新颖，好玩易写。这样的习作课，学生观察时，认真细致；讨论时，气氛热烈；思考时，静心专注；下笔时，轻轻松松。学生放下包袱，解放思想，觉得习作原来如此有意思。因为材料就在眼前，语句呼之欲出，所以习作篇章完整，内容具体，常能读到精彩的文句。

学生名字谜语，语文老师动动脑子，不难设计。猜若干个谜题之后，请几名学生说说猜谜的过程，特别的体验，再速写下来。形式新奇，顺应了学生的好奇心理，学生特喜欢此类习作课，一位学生日记中这样写道——

我不喜欢写习作，有时，习作没内容就瞎编应付，有时，还抄袭别人的习作。钱老师上第一节习作课就让我们觉得眼睛一亮，原来习作这么有意思呀！他好像开心果，会逗我们愉悦地写作；好像魔法师，会让课堂充满笑声；好像百宝盒，会让我们很想打开宝盒，看写作秘籍。我们好期待下一节习作课，听他讲习作笑话，看他的新花样，然后快快乐乐地写作……

——五年级 雷明杰

新学期第一节习作课，这样设计猜谜活动，学生学中玩，玩中学，容易激起写作欲望。因为新鲜，学生非常感兴趣；因为兴趣，学生获取的信息非常丰富；因为信息丰富，学生有话倾吐；因为有话可写，学生乐于表达。这样的设计，上下文层次之间，语意就会有变化，行文就会有起伏，老师无须"喂食"写作技法。

例谈三　幽默激趣

学生喜欢语言幽默的老师。老师看到学生写不好习作，批评、抱怨，反而让学生愈加惧怕习作。教学时，我尽可能运用诙谐的语言，逗乐学生，寓乐于教，让学生在愉悦的氛围中写作。

（一）讲故事，巧纠错

对学生习作中出现的问题，笔者认为，与其生气，不如鼓气，改变教学方法；与其责备，不如改变方法，培养兴趣。学生喜欢听故事，我顺应这一特点，常把写作道理蕴含于有趣的故事之中。

1. 自编《吃荔枝肉》小故事。

我在学生习作中，经常发现上下文频繁出现同一个词语的现象。上文已经用过"热闹"一词，下文反复多次出现"热闹"。这从表面上看，是学生脑海里词汇积累不够丰富，实质上是学生"懒思维"作怪。为了纠正学生重复用词的毛病，笔者自编幽默好玩的《吃荔枝肉》的小故事：

一位小孩特喜欢吃荔枝肉。一天在外用餐时，妈妈悄悄交代服务员只吃荔枝肉，分成三小碟，分三次端上来。上菜了，服务员端出一小碟荔枝肉上来，小孩吃得有滋有味，连声说："好吃，好吃。"

过会儿，服务员又端来一小碟荔枝肉，小孩嘀咕："怎么还是荔枝肉？"

妈妈说："你爱荔枝肉吃嘛，今天，就多吃点。"

小孩只好边摇头边勉强嚼着荔枝肉。还没吃完呢，服务员又端来一小碟，还是荔枝肉。这回，小孩瞪大眼睛，皱起眉头，撅起小嘴，不情愿地伸出筷子。

接着，师生互动谈话：这个孩子会怎么说，怎么做？让学生明白，重复使用同一个词语，读起来没有新鲜感，嚼起来没有"文味"，从而克服"懒思维"的毛病，避免产生上下文用词重复过多的现象。

2. 自编《豆腐多种吃法》小故事。

有时，学生行文中不仅句式单一，都使用陈述句，连标点也很单调，只会用逗号，连续逗下去，最后一个句号，缺少变化。我编了个有趣的《豆腐多种吃法》的故事：

有位妈妈不知怎么的，一连两天，一日三餐只让孩子吃豆腐，孩子就抱怨："妈妈，怎么老是豆腐蘸酱油呀！"妈妈不吭声。

第三天，妈妈还是买豆腐。不过，妈妈改变了方法，早晨，吃煎煮豆腐，孩子说："今天这豆腐味道香，很好吃！"

中午，妈妈捧出一碗油炸豆腐拌葱丝。孩子一上饭桌，就闻到香味，还没吃呢，就说："真香！"孩子很快就把饭吃完了，一句怨言也没有。

晚饭时，妈妈端出一碗焖烧豆腐加肉丝，外加了一点香醋，孩子刚上桌，就说："妈妈，你真厉害，同样是豆腐，会煮出不同味道的菜肴，吃起来一点也不腻！"

你瞧！妈妈改了烹饪方法，让同样的豆腐，煮出不同的花样，吃起来口味就不同，就不会倒胃口啦！

如此幽默的小故事，让学生在笑声中懂得，写一段话、一篇文，句式要变化，标点要依据句式选择，读起来才有意思。语文老师要会说诙谐的小故事，启发学生明白写作之道。

（二）讲桥段，巧纠错

学生习作中经常有漏字、错字这类"小儿科"常见病。老师同样可以用幽默的教学语言来纠错，让学生悟出要重视习作添漏、错字的道理。有一次，我故意卖了个关子，说："昨天批阅习作时，曾读到一句话，让我大笑不停，你们想知道为什么吗？"

"老师，您说吧，说吧。"

我捧起习作本："有位学生这么写的——"

一个暑期，我报名参加为期三天的习作训练营，到近郊乡村体验农村生活。第二天下午，老农带林老师和我们这些城里的学生，去菜园子参观。夕阳下山，天色渐暗。回村的路上，我走在最前面，看到石板路上一大团又黑又圆的东西，问身边老农伯伯："这是什么东西？"他说："这是水牛大便，小心，别踩上了。"哇！我听了不禁大吃一斤，牛大便居然这么大！

读到这里，我故意提高语调，放慢语速："我——不禁——大吃——一斤。"然后，我在黑板中间，写下"大吃一斤"几个字。"哈哈哈……"教室里立刻爆发一阵欢笑声。

我转过身，以夸张的表情，幽默的语气，大声重复一遍："牛大便，居然还敢大吃'一斤'？"

同学们拍课桌啊，笑啊，乐啊。笑声中，同学们知道了：写完习作，多检查，才能避免习作出现此类低级笑话。像这类错别字，老师替学生改了，当然也行，但得益的只是个别学生。而在课堂中集体纠错，大家都受到教育。请看学生习作片段——

有一次，钱老师说到因为漏字闹笑话，故意提高嗓音，一字一顿地说："请注意听一位同学在公交车上让座时，这样写：过了一站，上来一位上了年纪的老人，我一看，连忙从座位上站起来，说：'老爷——请——坐！'"老师重复了一遍："'老爷——请——坐！'发现问题了吗？"

嗨！我们听出漏写了"大"或者"爷"字，文句意思全变味了！教室里传来笑声。我们明白了老师的用意——写完习作要细心检查，再检查，培养我们学习责任心。

——五年级　陈功

课堂上，老师寓纠正毛病于幽默的"桥段"之中，让全班学生都从中得到启迪，在笑声中领悟道理，愉快而无痕地纠错。语文老师不一定是语言学家，但是，"打铁必须本身硬"，要怀着一颗童心做老师，不断追求专业成长，提高语言学养，这是非常必要的。

例谈四　表扬激趣

记得，一位诗人说过："如果一朵花不美，就请欣赏它的叶子；如果叶子不美，就请赞美它的枝干；如果枝干不美，就请赞叹它的根茎；如果根茎也不能使你产生情感的冲动，那么你总该为它是一株蓬勃的生命而讴歌。"小学生像幼苗一样，需要老师悉心呵护，老师要站在儿童立场，正确看待儿童习作，善于发掘学生习作中闪光点，及时予以表扬。这样，师生皆可在习作园地里共享成功的喜悦，所以老师要有一套激励写作兴趣的表扬策略体系。

表扬策略一：及时性

有一次，我接新教学班后，做一次影响习作兴趣方面的调查，有三分之二的学生是因为老师善于表扬，对习作产生兴趣的。他们在调查卷上这样写——

有一次，老师把我写的一篇习作在班上读了，表扬我这篇习作选材的角度新，并鼓励我继续努力。我从此对习作产生了兴趣，不再害怕写习作。

——四年级　陶钟灵

记得，有一回，老师给我面批习作，让我修改，我在老师眼皮下改习作，不敢随便。没想到，第二天，老师在班上表扬说："黄若玲同学修改习作很耐心、很认真，大家要向她学习。"我特高兴，整个上午都乐滋滋的。从此，我慢慢地喜欢写作文了。

——四年级　黄若玲

我原先习作写不好，有一次，写了一篇《我爱小花猫》习作，老师读了其中一个片段，还表扬我观察细心，写出了对小动物的感情。希望多读多积累，再接再厉。从此，我对写习作兴趣倍增。

——四年级　田　烨

从问卷的反馈中，我发现老师的表扬就像及时雨。对小学生来说，兴趣固然可以来自正确的学习目的，但儿童的心理特征告诉我们："儿童的兴趣往往产生某种具体的需要或满足。"在习作训练课上，我发现认真写作的好苗头，当即予以甜蜜蜜的鼓励，学生心理得到满足。这种满足，是学生写习作兴趣的"助燃剂"。

老师要体谅学生写作困难，要善于发掘每个学生习作的亮点，坚持正面引导。表扬的同时，老师要提出新的要求。正如上面有一位同学说的，老师在表扬他时，还提出一些更新的要求，希望他"更上一层楼"，让他充满信心。这位老师的表扬就很有艺术。

表扬策略二：导向性

老师培养学生习作兴趣，导向性表扬要贯穿习作教学全过程。现场指导习作时，要激发学生写作欲望，促使学生专注地倾听指导。我常常这样激发写作动机和愿望——

＊看谁做写作的主人，以最热情的态度，以最端正的学风，以最饱满的精神，静静进行思索，构思文章，选择最合适的材料，进入准备写作最佳状态。

＊看谁捧出最丰盛的宴席招待钱老师，让老师大饱眼福，给老师一个惊喜。

当学生进入最佳写作思维状态时，我这样做导向性表扬，引导学生写作要专心——

老师发现好多同学写作可认真啦！老师巡课时，经过他们身边，依然全神贯注写作。

这样引导学生必须重视卷面书写的规范性——

老师欣喜地看到×××同学今天书写特别用心，所写的习作，没有随便乱涂改。

这样引导学生明白不能浮躁,写作要深思——

×××同学有时埋头写着,有时抬头静思,有时驻笔凝思。那神情告诉我,她已经进入了思考的最佳状态。

这些话语具有暗示性作用,在学生耳畔萦绕,就像芳香在教室里弥漫;就像烹调菜肴的"调味品",激起食客食欲一样,可以唤醒学生认真写作的欲望。

表扬策略三:激励性

有经验的语文老师,总是做学生习作进展的推手,促使学生以积极的态度,全身心地投入写作。课堂上,学生开始写作时,我常这样给学生鼓劲激励——

*看谁写出与众不同的体验,让老师批阅你的习作时,因为心动而动笔画上赞美的红色波浪线。

*看谁写的习作,能让老师看在眼里,喜在心头,让老师读出你的情感,让老师欣赏、再欣赏。

*看谁写的习作比前次"更上一层楼",让老师的笑影留在你的习作本上,写下让你欣喜的留言、给你力量的评语。

诚然,学生现场写习作时,老师一般也不宜喋喋不休,以免打扰学生思路。必要说时,也要简而言之。比如,口头表扬的内容可以从习惯到态度,从个别到集体,从做人到习作,点燃激情,点到为止——

*同学们静静地写作,看得出大家写作非常专注,懂得为集体创造良好的写作环境。老师真开心!

*今天,××同学写习作特别专心致志,我猜他一定在享受习作的快乐。

*老师一定会读到同学们精心写的妙句、佳段、美文!

指导与写作时的鼓励,营造跃跃欲试的写作氛围,能激发学生最简单的写作动机——专心投入写作,与老师分享写作快乐!这是激发孩子认真写作的原动力。

表扬策略四：赏识性

儿童非常需要认同感、存在感、成就感，老师批阅学生习作时，要有一双慧眼，及时发现亮点，并作记录，以备随时诵读、赏析、表扬，使写作热情之火越烧越旺。

对"待进生"习作，尤其要"从骨头里挑肉"，一旦发现出彩的句段，必须当众诵读、赏析、打气，而后，再卖个关子。我常这样说——

同学们猜猜，刚才老师诵读的妙句是谁写的？猜不着吧，告诉你们吧，这是××同学认真动脑筋写的佳句。是不是太出乎意料了呢？

每当这时，无论哪位学生，都会吃惊。被表扬的同学会格外惊喜，其他同学则会向被表扬同学行注目礼——投去羡慕的目光。因习作获得老师欣赏而爱上写作例证太多了。我有位学生，大学毕业后，参加工作不久，来信问候，回忆起小时候，我朗诵、赏析他写的习作好语段时，依然激动不已——

当年，您上课时，声情并茂地诵读我写的习作佳段，读后还品评赏析，说杨亚平同学一定会努力写出更棒的习作，那一幕至今历历在目。您不知道，那一刻我有多自豪，多激动！也不知怎么的，我就暗下决心要更努力地写出更好的习作。也就从那时起，我爱上了语文，爱上了阅读，爱上了写作。

我经常像这样有意识地诵读习作中的妙句、优段，然后加以赏析。这是习作教育的细节，也是取得习作教学实效的策略。它如"春风化雨润禾苗"，这样的鼓励不能"水过地皮湿不透心"，要说文美，更要评学风好。读文，要读心；赏文，要赏情。正如，浇菜要透到根，叶子才会越长越旺。

表扬策略五：可视性

表扬要铭刻在学生心里。对被口头表扬的同学，班委会（或习作编委会）可以发给表扬信。表扬信由美术科代表和语文科代表共同设计。格式如下：

```
                        表扬信
    _____同学：
        你写的_____（习作）（片段）（佳句）被老师
    在班上第_____次口头诵读。特此表扬。希望再接再厉，写出更
    精彩的习作。
        祝你
    再接再厉！
                                            中队习作编委会
                                            钱老师
                                            ×年×月×日
```

这种表扬信设计简单、费时少。表扬信让学习委员下课填写，发给被表扬的同学。语文老师要力争为每个学生诵读片段或者文章，至少也要诵读佳句。这种表扬信，文虽短，蕴意深远。纸质表扬信具有可视性的好处，家长可以看，学生可以看。它好似学生成长记录卡，记录着学生学习的点滴成长，珍藏着学生童年的甜蜜回忆。发纸质表扬信也是激发学生写作兴趣的有效方法。所以，写作教学过程，表扬鼓励要一贯到底，老师动心的诵读、欣赏、表扬，入耳入心，入情入理，再发给可视性、可保留的表扬信，就会点燃学生内心强烈的写作热情之火。学生内心一旦装上学习"永动机"，习作教学就会获取斐然可观的成绩。

例谈五　发表激趣

花儿绽开，有心的人们总会在它身边，或拍照留念，或赋诗赞美，或谱曲歌唱，证明花儿的存在感。当学生写了妙句、好段、佳文，老师要抓住苗头，以不同的形式及时"发表"学生习作，这也是创意的做法，它能不断触发写作激情。"发表"，可分如下递进级别。

第一级　本班《习作报》上"发表"

班级可以创办《习作报》，发表本班学生习作。本人从 1976 年就开始尝试让学生办班级手抄《习作报》，发现学生对办报实践乐此不疲。具体作法如下。

第一，成立班级习作编委会。

成立办报编委会。选择习作优秀的同学（六七位）当文字编辑，负责筛选、编辑班级《习作报》；美术功底好的同学任美编，负责画插图、画花边、设计标题；书写工整的同学任《习作报》抄写员。

第二，稿件来源。

一是学生自愿投稿，这种稿件可以是新写的，可以从旧作挑选出自己认为最优秀的习作修改，觉得满意，就随时投给编委会。二是老师推荐的好习作。三是举办班级习作比赛，由编委会和语文老师协作评出优秀习作，稍作修改定稿，师生一起写简评，分期刊出。

第三，出版展示。

一般一个月编辑出版一期《习作报》，每期可以发表八篇习作。班级《习作报》张贴在教室"学习园地"里，让同学观看学习。每当新一期《习作报》张贴出来时，总有许多同学围观，叽叽喳喳，评头论足。习作被登载在报纸上的作者，有自豪感。

第二级　本班《习作月刊》里"发表"

从教以来，我坚持收集本班好习作，装订成册在学生中传阅。家长对此十分认可，家长在回执中，对此创意赞美有加，有位家长在家校通讯本上写道：

钱老师发动学生一起编辑的班级《习作月刊——雨花集》，这种作法真有创意！它激发了孩子写作兴趣。前天，孩子拿到班级习作雨花集月刊，就津津有味地翻读。他还说，真想写好习作，争取在班级习作月刊上发表自己的习作。

得到家长肯定，我更坚信，出版班级《习作月刊》，是调动学生写作兴趣的一步好棋。具体操作程序与方法如下。

1. 征集文稿。

老师收集优秀习作原稿，保留修改和批阅的痕迹，当然，如果学生自己觉得文稿太乱，抄正一遍也无妨。

2. 文集结构。

在老师指导下，请学生编委按记事、写人、状物、绘景分成若干单元。

（1）前言。请编委会主编写前言。

（2）目录。请编委轮流负责抄写目录。

（3）习作。每一本习作集约选用25篇（50到60码）编辑装帧成册。

（4）插图。待习作选的所有眉批、点评、自评完成后，请美术爱好者在习作选空白处画插图装饰。

（5）页码。请编委完成编码。

（6）后记。请习作编委成员轮流编写后记。

3. 眉批点评。

请入选习作集的学生与编委会成员给习作写眉批，写自评。

4. 制作封面。

（1）请班级习作编委成员用厚一点的卡纸制作封面、封底，再请习作编委会成员编页码序号、写前言。

（2）征集学生的意见，给班级《习作月刊》起个有意思的"书"名。每个学期编辑合订"出版"三本《习作月刊》。学生给班级《习作月刊》起的名字，五花八门，颇有童趣："小"字辈的占多数——《小星星》《小花瓣》《小芽儿》《小花圃》……

5. 老师寄语。

班级《习作月刊》编辑完成后，老师在预留的空页上写鼓励性寄语，祝贺班级习作选"出版"，特别要肯定编委会的努力付出。

6. 传阅文集。

《习作月刊》完工后，在班级里按小组传阅，每位学生阅读一天，并自愿在文集末尾空白页上写收获、感想。

学生编辑本班《习作月刊》有诸多好处：学生习作被选入《习作月刊》，

写作兴趣会更浓；有进步的习作入选《习作月刊》，小作者会更加自信；暂时没有习作入选的学生也会跃跃欲试。一年之后，全班同学都有习作被入选《习作月刊》，他们都以此为荣。家长看到孩子的习作入选《习作月刊》，看到孩子习作一天天进步，鼓励有加。学生的习作得以"发表"，受到老师赏识，得到家长鼓励，听到伙伴赞扬，这成了学生写好习作的外动力，学生写作兴趣会就会越来越浓。

第三级　推荐到正规刊物发表

在此基础上，老师为本班学生最有特色的优秀习作写好简评，适时推荐到少儿报刊。一旦习作在刊物上发表了，老师要组织班干部召开"习作发表新闻发布会"，并引导班干部做几件事：

第一，让作者在班上朗读发表的习作及评语。

第二，中队长发给作者小小纪念品。

第三，把发表习作作为好事，记入本班学生成长"光荣本"。

这样做，一位学生发表习作，全班知晓。正式发表习作的学生成为班级习作"种子"。随着这样的写作"种子"越多，班级就会不断掀起"写作潮"。

简而言之，兴趣爱好是学生心灵成长的"促发键"。培养兴趣的方法要多样化，感情投资是兴趣的"催化剂"，上好第一节习作课是兴趣的"助燃剂"，幽默纠错是兴趣的"调味品"，表扬鼓励是兴趣的"助推器"，多级发表是兴趣的"加油站"。这些方法都必须用爱心串联起来，形成培养兴趣的"金项链"。学生一旦对写作产生强烈兴趣，就会真心投入习作训练，就会越写越爱写。"兴趣牌"出得准，用得好，打得妙，学生就不畏攀登"作文山"。

第三讲　语言训练新主张
——常态训练打基础

习作教学评价目标存在诸多误区：重写作技巧，忽视语言通顺；平时习作与考试的评价也多是看写作技巧运用得如何；几乎没有老师对通顺的片段画波浪线加以肯定，鼓励学生写通顺。评价偏差无形中模糊了习作训练基本目标，这是极其不利于学生习作能力发展的。

2011年版《语文课程标准》指出"语言是表达思想的"，把思想表达清楚明白，必须强化书面语言训练。老师要根据习作教学进程，根据小学生的生活阅历、认识能力、接受能力，有层次、针对性地、抓准抓实习作语言训练，打造语言训练和评价目标相融合的体系之"链"——通顺、准确、得体、变化、新鲜、童趣。

例谈一　写通顺，多管齐下

【习作能力导学点】——导学表达文从字顺

《语文课程标准》总目标提出小学生要"能具体明确、文从字顺地表述自己的意思"。根据语文课程标准要求，"具体明白、文从字顺"应该是习作的底线。叶圣陶先生特别提倡写上口的文章。老师只要进行有效的指导，学生写作就能逐渐做到"文从字顺"。

师生都要明确通顺的基本要求是"三通"：一是文句通，不添字，不漏字，词序不乱，语句顺畅；二是文脉通，内容有序、前后连贯、逻辑严谨；三是文理通，句意完整，表达道理明了、清楚。老师可以采取巧于说理、眉批激励、勤读多练等办法，力求习作做到"三通"。

方法一　巧于说理

我们都知道，文章句子不通，影响交流，"通"是习作基本要求。如何让学生明白这个简单的道理呢？我以为要引导学生联系生活正、反例子巧说理，让学生切实知道写通顺的重要性。在老师引导下，学生会举出许多生活中的例子。

有学生说，他家曾经历洗碗池下水道堵塞，一整天洗碗池都不通，叫维修工人拿仪器层层疏通下水管道，折腾一整天，直到晚上 11 点才疏通的烦心事。

还有学生说他家住高层电不通的遭遇，小区停电，电梯停开，他家住在 16 层，爬上去累得够呛的痛苦经历。

有位学生说了一次因交通堵塞而考试迟到的亲身经历的事：

有一次，我爸驾车上班，顺便送我去上学，没想到过桥时，堵了 20 分钟。我看到前面汽车排起长龙，我爸瞄了瞄手机上的时间，说："完了，完了，今天肯定迟到了。"我还听到前后司机急得直骂人。我爸只能干着急。我今天第一节课要数学单元考，也担心迟到数学考不好，急得直嘀咕："警察叔叔快点来管一管呀！"

不少同学都有同感。我小结：下水道不通，生活就不方便；马路不通，交通就堵塞；电不通，生活受影响。总之，无论哪里不通，无论什么不通，都会带来诸多不便。习作也是一样，要求写通顺，文句不能疙疙瘩瘩，不能让人云里雾里。

老师引领学生联系生活中常遇见的现象，让学生感知，写习作时，要重视语言畅通，语句通顺，语意连贯。写一句最简单的话，无论是写在办公室通知栏上，还是贴在公共场所的宣传栏里，都必须写得通顺。一篇文章就更要做到文句通、文理通、文脉通，让人好理解。

方法二　眉批激励

写通顺最难，然而它又常常被忽视、被弱化。"文从字顺"是写作要求的底线。叶圣陶先生说："小学植始基。""写通顺"是写习作第一块奠基石，基石要打得牢，夯得实。我批阅习作时，发现写通顺或基本通顺的语段常采取两个方法鼓励——

第一，发现某个语段围绕文题叙述，且语句通顺、语意连贯，我就用红笔画波浪线，予以肯定。

第二，在通顺的语段旁边"教师批改"栏里，写下略有变化而简洁的批语并加分，给予鼓励：

＊这段话读起来很顺口！鼓励，加分！

＊这样开头简洁又通顺，好！加分！

＊这个结尾段文句通顺、与开头呼应。加分！

从策略上讲，目的是利用加分鼓励，引导学生重视文句通顺、上下文连贯。许多学生在日记中对加分表达了看法。有的说：看到老师给语段加分，觉得习作得到老师肯定，无形中产生了进一步写好习作的驱动力。有的说：看到老师给自己写通顺的语段又画波浪线，又加分，心里特满足，于是就想更用心写通顺，期望再得到鼓励。

请看实际操作例子——

一位学生在课堂上，以《数高楼》为题写了一篇的习作，虽然原文还有不足之处，但是其中第 2 自然段，一句紧接一句，话写得很顺溜，而且没有语病，也没有错别字。我用红笔把这个自然段认真地画上波浪线，在右边"教师批改栏"里，写了如下批语，给予激励。

我站在我家屋顶平台上数高楼。晨风习习，我呼吸着新鲜的空气，环视四周，只见座座高楼，沐浴在晨曦中。我按东南西北顺时针方向数高楼：一，二，三，四，五，六……十……十五……二十……三十……咦！我数得眼花缭乱。啊，改革开放后，我市的高楼如雨后春笋般矗立在榕城大地上。昨天，还是"哥哥"的高楼，今天，却成了"弟弟"啦！

这段话写得通顺，语意明确！棒！加分！

五年级　林　虹

发回习作本的当晚，这位学生就写了一则日记，表达他看到老师批语后的心情——

今天，习作本发下来了。我看到上一次写《数高楼》的习作中，第 2 自然段从头到尾都被老师画了红色波浪线，还在一旁写了批语。因为通顺，老师给我习作加分。望着波浪线，读着老师批语，我好兴奋，做作业时，哼着小曲，心里真爽。

写完作业，我得意地又把老师画波浪线的这段话读了几遍，自己也觉得挺满意。我知道了，习作写通顺很重要。于是，我拿起笔来，对其他段落不足之处，埋头细改起来。

习作评价是方向盘。评价不能眼高手低，看不上平实而通顺之处。在审题正确的前提下，评价要回归儿童语言世界，回归原始语言畅达性，坚守"文从字顺"这个底线，坚守习作"通顺"的要求，老师要毫不吝惜地画红色波浪线，写批语，给予肯定、鼓励，把好书面语言通顺四个"关"——眼看"关"：看起来顺眼；口读"关"：读起来顺口；耳听"关"：听起来顺耳；心思"关"：想起来顺心。

方法三　勤读多练

习作语句紊乱不通顺，令小学语文老师头疼心也疼，到了中学老师还要补小学语言关。诚然，把话写通顺，绝非轻而易举。一位作家曾说"学习语言非下苦功不可"，这话不无道理。对文句不通顺的毛病，我也曾经很苦恼。于是不断摸索，我终于发现：正如，路要天天走，才会熟悉，才不会迷路，才不会走冤枉路；耕地要勤管理，才不会荒芜；地要天天扫，才会保持干净。"实践出真知"，练通顺，主要办法是"读、练、改"三结合，反复读、练、改。

1. 反复诵读练语感。

目前，学生写完习作，老师基本上没有安排读习作的环节，学生也没有养成诵读自己习作的习惯，往往是写完习作，匆匆一交了事。实际上，初学习作很难做到一气呵成，尤其是小学生习作起步阶段，总会这里不通顺，那里出语病，许多毛病屡错屡犯。从教多年后，我醒悟了，学生习作不是靠老师改通顺的，而是要让学生自己多读多改。基于此，我从教中后期，开始重视培养学生的"第一读者意识"，即写完习作，自己先当读者，发现问题，立即修改，再后来逐步形成了读、思、评、改训练"系统链"。其中"读"有三项措施，来落实"写通顺"。

一是默读，培养思考力。

默读能静心，心静益思，思则益智；静则生定，定则生慧。老师要营造安静的环境，让学生静静地默读，静心才能静思，才能审视和发现习作文句正误之处。学生写完习作，坐在座位上，在自我的世界里，自己眼看习作，沉下心来读文句，发现问题，思考研判，再动笔修改。这样边默读边思考，就会慢慢磨砺严谨的思考力。

二是互读，培养互助力。

在默读的基础上，老师要提倡互读，培养互助精神。在第一讲中，笔者强调老师要培养雷厉风行的班风，营造一种互相关心、互相帮助的风气，以集体的好风气感染同学，带动同学。同桌互相读，互相倾听，互相鼓励。长此以往，学生能体会到"旁听者清"的道理，培养虚心倾听的意识，从而培养互助力。有位学生在日记中写道：

在互读中，我发现同桌很厉害，我读多遍，改多遍了，他居然还发现我习作中不足之处。印象特深的是，他发现我习作写的下面这几句话有毛病："茉莉它不仅花儿美，还有无私的奉献精神。茶农把它做成茉莉花茶，人们喝到清香可口的茶，舒心又解渴。"他说："这里有好几处不通，'茉莉它不仅花儿美'要改成'茉莉花不仅美'，还有句子中的'做'，要改为'制作'。"我感谢同桌在互读中，发现我习作的毛病，特别是"做"这个字，我真没想到必须用"制作"才得当。真是"旁观者清"，同桌帮我纠正一个用错的字。他真是我的"一字之师"啊！

——五年级　廖　敏

三是诵读，培养自信力。

写通顺，诵读是关键，"学改"是落地。没有"读""改"就走过场，流于形式，不通之处就容易"滑溜过去"。老师要给足时间，安排一个"写后诵读，读后修改"的导学环节，默读、互读、诵读实践要成为常态化，学生不再畏怯，要让学生进一步练胆，敢于在位置上或者上讲台，大声诵读，既可口头展示习作，又可征求同学意见，而后动笔细改。因此，诵读自己习作的实质是不断思考、修改、提高的过程，也是学生逐步养成"写后读，读后改"的良好习惯的过程。

写通顺是渐进的过程，更是培养语感的过程：起初先求逐步"文句通"，而后再求逐步"语段通"，最终就会渐渐"篇章通"。持之以恒，学生文句日趋通顺，行文益显精彩。

老师要明白习作写通顺是最基本的练习和评价目标。一是让学生明白把话写通顺的重要性。二是及时诊病治病，授之以法，引导学生掌握写通顺的方法，增强学生把话写通顺的意识。三是让学生养成自觉检查的好习惯，养成严谨的学风，提高写通顺的能力。写通顺，不可能一蹴而就，犹如用温火慢慢煲鸡汤，才能有营养。请读下面摘自学生习作的片段：

＊五一节早上，我去西湖公园里玩，在几棵枝叶茂密的大榕树下，许多大爷大妈坐在一排石凳上，说说笑笑，偶尔听到一位大妈说："在大树下乘凉，享受免费空调，真好！"

——五年级　刘　婷

＊我早上去阳台浇花时，发现一个盆花的叶面上趴着一只小蜗牛，它慢慢地爬着，看了许久，还爬不到一厘米，不注意看，根本看不出它在爬。我纳闷：它爬得那么慢，名字中怎么还有一个"牛"字呢？

——五年级　任于欢

老师们读到这样通顺又有文采的语段，是不是特别体会到经常练通顺没有白费精力？是不是如同看到一幅儿童画那样，会驻足观赏？有道是"田园日日勤管理，秋来丰收喜盈盈"，我们老师何尝不是如此？！

2. 写话训练经常化。

俗话说得好：三天不念口生，三天不练手生。经常练写话，才会熟能生巧，才会写得顺溜。我要求学生在"写话日记本"中，天天自由写几句连贯的话，进行语言连贯性训练。不定期利用晨会或语文课，挤出一点时间，让学生轮流自由朗读昨晚的写话日记。一个学生读，全班倾听，互相学习，互动点评，发现毛病，当场纠正，集体获益。

我主张写话日记训练要"三不"：不拘形式，不限内容，不限长短。这是导学策略，学生没有审题困扰、没有选材苦恼、没有写话畏惧，写起来天马行空，思维自由驰骋。学生自由写的话经常博得满堂掌声。请耐心地品读下面的话，老师们是不是觉得很有味道呢？

＊上个周末，我和几个邻居小朋友结伴去西湖游玩，穿过一条小巷时，居然看到一家名叫"破店"的饮食店，哈哈！破店？这么难听的名字，店都破了，里面会有好吃的食品吗？叫什么不好，会叫"破店"，老板不是自己倒

霉自己吗?

——五年级　陈　静

＊记得一次,我去安泰图书城买书,看到鞋店门前一块招牌上面写着:好消息——人皮一双68元。我暗暗吃惊:人皮?好恐怖!居然卖人皮?

回家后,我问爸爸,才知道这是"人造皮鞋"的缩写。嗨,缩写成"人皮",怪吓人的!

——五年级　成小红

从写句的实践看,内容非常广泛——写自己的愿望、写上学路上趣闻、写校园见闻、写在街边看到的有意思的广告语,甚至写简短而有趣的笑话等等,下面的妙语、金句、佳段,在单元习作中很难见到:

＊今晚下暴雨,"哗哗,哗哗""哗啦哗啦"一阵比一阵急。我透过窗户看到夜空中,闪电的姿态变幻无常。有时拔地而起,有时斜向闪烁,有时横向闪开。"轰隆隆……"随着一声响雷炸开,几道白光冲天而起,吓得我赶紧掩住耳朵。

——五年级　李耀敏

＊周日傍晚,吃完晚饭,我到天台上休息,向西望去,看到东街口百货大楼朝街那一面灯火辉煌,店面的环形灯亮了,灯光一闪一闪的,前一盏灭了,后一盏亮了,前一盏灭了,后一盏亮了,无限循环,你追我赶,好像做跑跑抓游戏……

——五年级　周　融

学生练写的所见、所闻、所感,都源于生活,这是富有生命力的语言,所以很有生活味。这样有灵气的句子,在封闭的课堂里写命题习作时,是很难写出来的。生活像一本书,老师要引导学生关注生活,热爱生活,热爱写作,向生活学习语言,储存语言。

我发现,只要老师措施得当,要求适当,学生写话没有心理压力,学生虽然忙,却乐于练写。我还发现,学生经常自由写话,不知不觉养成随时观察,注意倾听,潜心思考的好习惯。久而久之,就会越写越顺口,越写语感越好。古人云"诗的功夫在诗外",习作的功夫也在习作之外。引导学生做足习作之外的语言"童子功",单元习作时,就可以渐渐做到文从字顺啦!

例谈二　求准确，琢磨比较

【习作能力导学点】——遣词写句要准确

约瑟夫·普利策谈到文章语言时，特别强调说："准确！准确！！准确！！！"（见 1983 年版《写作趣闻录》第 51 页）表达准确的确很重要，飞机要准点起飞，准时到点；动车要准时出发，准时到站。老师必须反复强调，要把文章写好，就必须重视遣词造句的准确性；要有准确遣词造句意识。所谓"准确"，就是指用词表达要准确，文意指向性要表达准确，就是要用正确的词语，准确地记叙、表达客观事实。语言训练一定要落实在"准"字上。

（一）追问添加法

学生习作中有不少句子，表面上看是通顺的，再仔细琢磨，就会发现文意没有表达清楚，影响表达效果。我用学生习作中的语意含糊的病例，引导学生追问比较，加以纠正。

1. 讨论病例。

例1：陈老师把改完的考卷发给我们。发到我手上，我翻开一看，嗨，光第二题就被扣了四分，真倒霉！

例2：周五下午，放学回到家里，我对妈妈说："郑老师要我们星期天到学校。"

这样的句子让读者云里雾里，会冒出许多问号，要晒出来。老师必须引导全班同学思考、追问、会诊、把脉——

生：例1，我要追问——什么考卷？是语文、数学，还是英语？是平常考卷，还是单元考卷？或者是半期考、期考卷？

生：如果是单元考卷，我还会再追问：是哪个单元？第二题是什么题目？错在哪里被扣了四分？

生：例2，我追问："我们"是全班吗？人物指向不明白。

生："星期天"是指一整天，到底哪个时段到学校？时间不明确。

生："到学校"做什么？任务不明确，我会接着问：需要带什么工具？

师：好。我们用追问法，找到毛病了，现在一起开药方，给病句治病吧。

2. 开出处方。

接着，老师让学生根据"病情"，开出"处方"。

生：前两个疑问，可以这样解决：在"考卷"前面加上"哪个科目，哪个单元"，比如："语文第三单元"，指向性就明确了。

生：第二题加上"默写"，或者"填空"，或者"造句"，就理解了第二题考题具体项目内了。

生：再加上"漏字"或者"错字"，就知道扣分原因了。

师：好的，归纳大家意见，改正这样的毛病，用添加法，把文句指向性改明确。

根据大家的修改建议，原句改成如下这样：

陈老师把改完的语文第三单元考卷发给我们。考卷发到我手上，我翻开一看，嗨，光第二题默写片段就因为漏字、错字，被扣了四分，真倒霉！

这样改，句子文意就准确、明白了。学生不知道怎样写，语意才准确，这是学生写作的难点，也正是老师需要花力气的"导学点"。

（板书：语意含糊——添加法：改明确）

例2，同上做法，在学生提出修改意见的基础上，再开药方。最后，老师根据学生合理建议，整理归纳如下句子：

周五下午，放学回到家里，我对妈妈说："郑老师要我们五位班委会干部，星期天上午8点半到学校三楼图书室，帮助整理图书。"

原句加上确定的人员和地点、准确的时间和明确的任务，妈妈听了就明白啦！

（二）演示比较法

福楼拜说："我们不论要描写些什么事物，要把它表现出来，只有唯一的名词；要赋予它运动，只有唯一的动词；要赋予它性质，只有唯一的形容词。"这告诉我们描写任何事物时，都要讲究准确。我备有学生写作问题杂记本，批改学生习作时，注意记录学生用词不准确的文句，适时通过演示纠错，集体互动，提高学生准确运用词语的意识与能力。

1. 展示病例。

下面是我从学生习作中，收集的频繁出现的"拿"字句，发现学生常不加区别，有许多属于误用、随意写的：

例1：我拿一张藤椅，让林老师坐下。

例2：我在五楼办公室，看到魏老师拿着红笔埋头批改周记作业。

例3：肖敏华同学拿着雨伞和我一起走进大雨中。

例4：爸爸从烟盒里拿出一根香烟，妈妈看见了立刻阻止他："别抽啦！"

例5：郑洪同学拿起语文课本，翻开第三课开始朗读。

例6：班主任周末来家访，妈妈让张老师坐在沙发椅上，然后拿一杯茶水请老师喝。

以上句子都是完整的，不注意看，会觉得没有问题。严格地说，句子中的动词"拿"用得不准确。对这类毛病，老师倘若费尽口舌来解释词语意思，还是以"概念"回到"概念"，或者动笔修改代劳，这样做，正如教育家叶圣陶先生说的"没有实际用处"。

2. 演示比较。

我采取"我演示，你观察，细区别，再订正"的办法，即现场演示各种不同"拿"的动作，学生注意观察我演示的手部动作，辨别这些动作的微小不同，思考运用哪个词语来表达，这培养了学生准确用词的能力。演示、讨论后，纠正如下：

例1中的"拿"改为"搬"，才确切；

例2中的"拿"改为"握"，才恰当；

例3中的"拿"改为"撑"，才准确；

例4中的"拿"改为"抽"，才贴切；

例5中的"拿"改为"捧"，才更好；

例6中的"拿"改为"端"，才合适。

老师用形象的手部动作演示，把抽象的语词生活化、具体化、形象化、动态化、立体化，学生通过观察生活画面，联想学过的词语，就把心理语言外化为书面语言。在这样一次次观察演示中，把手部动作加以比较。学生不难选择准确的词语写句子。学生用词随意，主要是因为惰性思维在作怪，犯了词语"缺钙病"，要补补钙，多积累词语。这样的教学细节，磨炼了学生思维严谨性，提高了用词准确性。再看这两句：

（1）"啪啪啪……"朗读比赛过程中，教室里不断传来一阵阵震耳欲聋的掌声。

（2）林敏同学发言大方精彩，"啪啪啪……"教室里响起了一阵雷鸣般的掌声。

为让学生真正明白，为什么"震耳欲聋""雷鸣"，用在"这个"句子中不妥，我请全班学生演示拼命鼓掌，而后问："听到这样的掌声，你们谁有'震耳欲聋'的感觉？觉得掌声有雷声那么响吗？"

学生领悟到，在教室这个小场合，这么少人鼓掌发出的声音，运用"震耳欲聋""雷鸣"来形容掌声很大很响，是犯了大词小用的毛病，改为"热烈""响亮"才恰当。同时，要告诉学生，写文章不能想当然，要观察细致，想得精到，才能表达准确。

我们知道，射击要瞄准靶心，才能击中目标；计算，要精准才能不出差错；唱歌发音要准，才动听感人。老师在批阅、评改习作时，要关注习作表达的准确与否，可以用演示比较法，引导学生准确运用祖国语言文字，这是语文老师的职责。

例谈三　写得体，讲究语用

【习作能力导学点】——学习语用规范性

说话、写文章，在遣词造句和语气上，都要看场合与环境、看时间、看对象。写文章会用上好词佳句固然会给文章增色不少，但是，片面地追求写文章要用上好词妙句，可能适得其反。笔者以为在语段句群训练中，要纠正这种偏向，把握训练的导向性。

（一）遣词看场合

人们穿衣打扮要得体，习作也一样，不能误以为用上好词好句越多越好。道理很简单，戏剧演员在台上演出时，需要根据角色的要求进行得体的化妆，而在日常各种场合，打扮也要得体；办喜事、庆功会的场合，就不能播放或演唱令人心酸悲痛的哀歌。

为了让学生理解何谓得体，我从公文包里取出印有"嘉宾"金字的红绢花，说："这是我应邀出席某次大会的嘉宾标志，现在戴上它，给大家上课。"边说着，边把花戴在左边胸前，来回走。此时，同学们立刻笑成一片。我宣布："今天要和大家谈谈遣词造句问题。"

（板书——遣词造句）

接着，我和学生进行了有意思的谈话：

师：刚才，我戴上红绢花时，你们为什么笑了？

生：望着您胸前戴着鲜艳的红绢花上课，特好玩，忍不住发笑。

生：您戴着红绢花给我们上课，在我们眼前晃来晃去，不仅别扭，还分散我们注意力（大笑）。

生：（笑）又不是在开会现场，您别着这么大朵红绢花，不是精神有毛病，就是要显摆自己是嘉宾，怪别扭的。

师：对呀！红花可以戴，要看什么场合。人们常看到出席大会的嘉宾胸前，戴着色彩艳丽的绢质胸花，让人觉得会议隆重、庄严、光荣。会议结束后，这些嘉宾走在街上、回到家里都不必继续戴着胸花。所以，遣词造句要看场合。

紧接着，我设计如下场景，和学生对话讨论用词要得体的问题。

师：谁见过三军仪仗队战士迎宾的情景？给你留下什么印象？

生：我在电视上看到。迎接外国国家领导人时，迎宾战士们有力地甩着双臂、整齐地迈着"迎宾步"走向迎宾场地，等待贵宾到来。

生：贵宾出现时，他们昂首挺胸，注目、敬礼，动作整齐划一，展现出军人特有的气魄，真让人惊叹不已！

师：是啊，在迎宾的特定场合，仪仗队员必须表现出时军人豪迈的"精气神"。可是，平时逛街、休闲、散步、购物时，需要这样吗？

说着，我即兴模仿仪仗队员挺胸、迈步、甩臂，在讲台前来回走。学生笑声不停。我顺势说："仪仗队员在庄严的迎宾场合要走标准的迎宾步，展现中国军人的'精气神'，可是没有迎宾任务时，走路动作姿态一定是常态的。如果仪仗队员日常生活中，或走在街上也像迎接贵宾时那样昂首、挺胸、收腹、跨步、甩臂，一定会引来许多行人投来异样的目光，因为平时实在不必走这么漂亮、有魄力的'迎宾步'。习作用词也是这个道理，要看场合。"

（板书——看场合）

（二）遣词看对象

老师要让学生知道，习作绝不能捡到菜篮子里都是菜。有些学生习作喜好用上好词好句，不看对象，拿来就用。请看：

1. 星期天早上，我去买水笔，在小巷口，见到一位身穿破旧衣裳的老乞丐，跟前放着一个破瓷碗，瓷碗里放着几枚硬币，他那水汪汪的眼睛望着过往的行人，好像乞求人们施舍、给点钱，好可怜。

2. 我和邻居小伙伴路过北江滨公园边上时，看到桥墩下角落里，坐着一个上了年纪的流浪汉，满脸脏兮兮的，一边啃着馒头，一边傻笑，炯炯有神的眼睛盯着我们，好像怕我们靠近似的。

这两句话中都有犯了用词不得体的毛病。批阅时，老师应当把画横线的词圈起来，打个问号，引导学生思考，然后，在班上评讲。通过集体讨论、弄清楚为什么这些词语使用不得体的道理——

"水汪汪""炯炯有神"是好词，"水汪汪"是指眼睛明亮而灵活，多用于形容儿童眼睛；"炯炯有神"形容眼睛明亮有精神。用它们来形容而老乞丐和上了年纪、生活无着落的流浪汉，显然用错了对象。且不说，他们上了年纪，单说他们艰难的生活窘境，还能具有这样的精神面貌吗？所以遣词造句要看对象。

（板书——看对象）

老师评改习作时，遇到这样的毛病，一定要从个体获益，变为群体参与互动评讲讨论，全体得益。让众多学生参与思考学习，才是长智慧而又有效的做法。

（三）注意规范性

此外，语言训练还要注意语用的规范性，不随便使用不规范的网络语言。一次，我批阅习作时，读到这样的片段，其中有些词语颇费解：

＊我参加了国画兴趣组活动，薛老师指导后，我们开始自由创作。我喜欢画奔马，画到一半，老师到我跟前，看到我画的奔马，说："画得很棒，有点像齐白石的画风。"我心想：老师果酱了，但木有说出口，我低头继续画。一位画友过来看我画神马，不小心碰了调色盘，颜料倒到我的画上，我一脸懵。

我叫来这名学生，指着文中"果酱""木有""神马"，问："这些词语是什么意思？"

学生反而笑我是"网盲"，落后了，并告诉我"果酱"就是"过奖"；"木有"就是"没有"；"神马"，就是指"什么"。

听后，我郑重地告知这位学生，有许多网络语言，没有得到有关教育部门认可，不要赶"新潮"，让他立即订正。

我还告诫全班同学："不用网络中不规范的'新潮'词语，尤其在关键的试卷上，如果滥用，扣分没商量。当然，有些健康的网络语言，比如，'粉丝''山寨''雷人'等，已经被承认，可适当使用。"

使用不规范词语，也是不得体的。学生出于好奇使用不规范的网络语言，情有可原。但是，语文老师心中要常亮语用正误"红绿灯"，对习作中的"脏话""粗话""臭话""黑话"及不规范的语言，不能视而不见，要引导学生净化、优化、美化书面语言。

（板书——要规范）

例谈四　讲变化，守正求异

【习作能力导学点】——培养求异思维能力

大千世界，世间万物，千变万化。一年有春夏秋冬四季变化，月有阴晴圆缺交替；江河湖海各有其貌，黄山因其雄伟而闻名于天下，泰山因其险峻而享誉于世；同一种花卉也各显姿色，同一株花朵姿态也有差异；人们的心情也会随着情绪发生起伏变化。

引导学生写出变化是语言训练目标之一。语言变化具体地说是在坚持守正的基础上，力求用词、文句、行文、修辞手法要变化，训练创新求异思维能力。这样的变化就像流动的水，就像盛开的花卉，才会更多姿态，更加鲜活，更有文采。

（一）用词巧变化

1. 利用佳段，导写变化。

一段话里，需要用不同的词语来表达同一个意思时，不应该重复使用同一个词，比如上文用过"高兴"了，下文又用"高兴"。这说明学生词语储备量不够丰富。老师可以展示佳段，让学生具体地理解何谓用词"变化"。

一天，我的同桌陈冰同学因为写字认真，被钱老师表扬了。你瞧，他那喜悦之情抑制不住都写在脸上，而且显得特夸张：乐得眼睛眯成了一条缝，连眉毛都变了形！笑眯眯地坐在座位上，边写作业，边开心地哼着不知名的小曲儿。我心想：也难怪，这是他第一次因书写端正被表扬，能不美滋滋的吗？

——五年级　　占小兵

老师要用评讲的方法，采取"朗读、思考、品评"三步骤，让学生发现，这段平常的话，不平常之处，在于用词富有变化。

朗读——集体或者指名朗读这段话。

思考——思考这段话最主要优点是什么，有哪些值得学习之处。

品评——这段话写了作者的同桌陈冰同学因为写字认真，被老师表扬而高兴的事。主要优点是作者用了多个与高兴意思相近的词语："乐""喜悦""开心""笑眯眯""美滋滋"，用词多样生动活泼，如果反复用"高兴"这个词，读起来就单调乏味！还有一点，是因为作者就在陈冰同学身边，近距离观察他被表扬后的神态，写得真实、细致，文句显得灵动有味。

学生从评讲中，感知遣词变化的好处，增强了遣词写句要变化的意识。老师提倡用词变化，并强化训练，可以提升学生求变的创新思维品质，这是训练写作素养的重要举措。

2. 把脉病段，导写变化。

词语缺少变化是习作的一种毛病，另一个原因是学生没有用词变化的意识。对此，老师必须强调"变则活"，上下文相邻近的词语能变就要变。请看下面"拔河"片段：

我们五（1）班和五（2）班拔河比赛开始了。预备——"吁"裁判员哨声一响，双方队员紧紧抓住绳子，身体向后倾斜，好像都使出吃奶的力气拔，拔呀拔，你刚拔过来一点，又被对方拔过去一点，队员全力以赴地拔，你拔过去，我拔过来，就这样，拔来拔去，相持不下，双方不分胜负。这时，"加油，加油……"场外响起加油声，双方队员更用力地拔啦！突然，我们班拔河队员一齐用力拔，五（2）班乱了，我们班乘机把绳子一下子拔了过来，这一局，我们五（1）班拔赢了！

——五年级　严　宏

习作存在的问题，就是习作导学的活资料。上面这段话180多字，意思表达得尚可以，但是用了15个"拔"字，用一串"拔"字代替了所有的拔河动作，缺少变化。读到这样的文段，老师针对问题，可以用演示的方法，指导学生把"拔"的动作细致地一步一步分解开来。根据拔河的过程，可分解为手部动作、脚步动作、身体姿态、脸部表情，再现拔河情景。设计如下谈话：

1. 大家发现这个语段主要存在什么问题？

2. 哪些"拔"字可以保留？哪些可以删除？哪些要改换？可以增补哪些内容？

围绕问题，经过互动讨论，师生共同修改成如下这样——

我们五（1）班和五（2）班拔河比赛就要开始了。预备——"吁"裁判员哨声一响，双方队员手臂一前一后紧紧抓住粗大的绳子，身子向后倾斜，都使出吃奶的力气，拔呀拔，你刚拉过来一点，胜势只维持几秒钟，又被对方拔过去一点。双方队员都全力以赴，你来我往，僵持不下。

这时，"加油，加油……"场外传来啦啦队员一阵阵整齐、响亮的加油声。我看到我们班站在最前面的陈晨咬紧嘴唇，鼓着腮帮子，涨红了脸，铆足了劲，右脚像钉住地上似的纹丝不动，"一，二，三！"钱老师的指挥有如神助，我们班队员突然猛地一齐发力。顿时，五（2）班队员乱了阵脚，我们班队员趁势把绳子一下子拔了过来。这一局，我们五（1）班赢了！哈哈！

——五年级　严　宏

这样修改，比原文进了一大步：改换了五个"拔"字，保留了五个"拔"字，删去五个"拔"字。还增补了参加拔河的主要队员的姿态、表情，用词变化了，重点突出了，文句活泼了，文章就生动而富有画面感了。

（二）句式求变化

有些学生写作时，整段、整篇文章，从头到尾习惯性地只用陈述句，让读者觉得文章叙述单调、没味道。老师要引导学生行文时，尽量变换不同的句式、词语、语气。

无论是单元大习作，还是日常小练笔，抑或是写日记、周记，老师都要求学生力争句式变化。为了落实行文要有变化的要求，我设计如下练习。

【练笔目标】

1. 选择校园里一处景物，以"校园一角"为题写一篇小练笔。
2. 要求：分若干自然段，有条理地把这一角景物写清楚。
3. 特别注意句式要有变化。

【练笔导航】

1. 注意选准练笔的"一角"。要求观察校园一角，虽然没有指定一律写哪一角，但这"一角"的"取景框"要小，范围要明确。当然，这"一角"必须小而有内容，小而有条理，小而有特色，比如：升旗台、小画廊、小花圃、荣誉专栏、小游乐场，等等。

2. 句式变化要自然，行文时，使用哪些句式没有固定，但是要恰到好处。

【练笔展示】

这种练笔有一短，二快，三实的特点：一短，语段字数少，没有篇幅长短忧虑困扰；二快，因为语段简短，写得速度快；三实，由于任务目标明确、集中、简单，再加上句式变化多样，练笔能获得实际效果。请看一则现场写的小练笔：

校园一角——合欢树下

崔 颖

我们学校操场中央种着两棵合欢树。从入学那天起，我就看到这两棵树了。那时，我和几个小伙伴一下课，就到树下，加入游戏的队伍，尽情地玩耍。

读三年级时，我才知道它们叫合欢槐树，才听说它们至少两百岁，真是超级老树星啊！（感叹句）直到现在读四年级，我们依然常在它们身旁闹呀，跑呀，围着它们转，不时传出欢乐的笑声。春天来了，它们都换上新衣裳。（拟人句）慢慢地叶子越长越茂密，它们像撑开的巨大绿伞为我们遮阳挡雨。（比喻句）清风吹来，树叶哗哗作响好像为我们鼓掌。（拟人句）当合欢花越开越多的时候，一阵风吹来，花絮纷纷落下，地上好像铺一层黄棉絮。（比喻句）踩在上面，软绵绵的，谁不觉得好玩呀？（反问句）听，"唧唧，唧唧唧……是什么鸟叫在叫呀（疑问句）？我抬头循声望去，哦，原来是几只活泼的麻雀在树上欢唱呢（拟人句）。

啊，合欢树下这一角，是我们儿时的乐园。（比喻句）这里留下我们儿时玩耍的身影，留下我们儿时欢乐的笑声，留下我们儿时成长的记忆。（排比句）

小作者崔颖同学，按照练笔要求，叙述过程，句式多变：除了用上陈述句，还用上比喻句、反问句、拟人句、感叹句、疑问句、排比句；标点也丰富多样：用了逗号、句号、问号、引号、省略号、感叹号。作者使用各种句式，交替变化，读起来节奏有快慢，语调有起伏，语气有轻重，语势有强弱。

这突显了强化训练的效果，学生增强了语句要变化的意识，求异思维能力也同时得到了发展。这样句子有变化，习作就生动，看起来有文采，听起来有韵味，嚼起来有滋味。

训练与评价习作不能脱节，用语变化、句式变化，与评价习作要相一致。评价习作优劣时，重视用词变化、句式多样，同样是培养学生创新思维能力。

（三）巧写近似句

有些学生思维固化，常喜爱习惯走"老路"，训练学生学习写句意相同、略有变化的近义句子，目的也是培养学生思维变通性、灵活性、创造性。训练题目可以这样设计：写出多句听到（妈妈、爸爸、老师、邻居、同伴……）表扬后，内心感受的句子。下面是学生完成的近义句练习——

1. 听到妈妈的称赞，我心里比蜜还要甜。
2. 听到妈妈的赞扬，我心里如蜜一般甜。
3. 听见妈妈的赞许，我心里和蜜一样甜。
4. 听了妈妈的鼓励，我心里不知多甜蜜！
5. 我听见妈妈的表扬，心里不知有多美！

——六年级　刘虹

这样的写句训练，一次要求至少写三句，上不封顶。刀刃越磨越锋利，思维越练越活跃，功夫越练越精到。老师经常引导学生自我练习写出略有变化的近义句，文章语句就会越来越灵动。我还曾经设计如下多样化的训练题目——

写出三句以上表示"难过"的不同的句子。
写出三句以上表示"惊喜"的不同的句子。
写出三句以上表示"炎热"的不同的句子。
写出三句以上表示"专注"的不同的句子。
……

习作教学，引导学生遣词造句要会应变：求变、善变、巧变，是为了激活学生的思维潜质，不是做文字游戏。只要老师引导得法，学生的智力潜能就会被发掘,甚至发挥到极致。班上就会涌现众多"习作能手"。

例谈五　须鲜活,创意求新

【习作能力导学点】——学习运用新鲜的语言

评价习作时也一样重视语用新鲜感,引导学生关注日新月异的社会发展,注意语言的发展,及时收纳并运用新鲜语言。我采取如下方法,引导学生写作时运用新鲜的词语。

习作是动态化的,语言是生活化的。学生活学活用课文中的语言,永远不够,还要大量吸收、活用课外读物的语言,学习生活亲历中所闻、所见的活语言。正如老舍先生说的:"从生活中找语言,语言就有了根……"

(一) 借用佳句讲"新鲜"

买菜要挑新鲜的,买鱼要选鲜活的,衣物要买新式的,这是生活的需要。语言是文章的衣裳。语文老师要引导学生,学习运用富有活力的鲜活语言。请看下面几句话:

例1:小区门口安保大叔,光秃秃的脑袋会发亮发亮的,<u>像抹了油似的</u>,恐怕连蚊子、苍蝇停在那儿都会打滑呢!

——五年级　张功

例2:他上英语课时,常常听着听着,就睡着了,好像有许多"<u>瞌睡虫</u>"在他的脑袋里做窝呢。

——五年级　李荣

例3:表弟哭起来没完没了,发起脾气来,"<u>尾巴</u>"好长好长。

——四年级　洪涛

学生读了这几句话,就忍不住发笑。为什么呢?原因就在于新鲜、幽默。
例1,作者实际上是说"那位小区门口安保大叔头发掉光了,脑袋很光滑、很光滑",这样写就没有味道啦!用"像抹了油似的,恐怕连蚊子、苍蝇停在那儿都会打滑",运用夸张手法来形容,"光秃秃的脑袋"很油滑。这样描述形象、生动,让人忍不住发笑。

例2,实际上是说"他上英语课常常打瞌睡",这样陈述就很平淡啦!而用"'瞌睡虫'在他的脑袋里做窝"来说明"他"上英语课爱打瞌睡,就很新鲜。

例3,用"尾巴"好长,形容表弟脾气大,哭得停不下来,显得新奇。

这些是摘自学生现场习作的金句,句中画横线的词语都很新鲜,很养眼。因为句子中正确运用了新颖的词语,才使得句子生动耐嚼、活力四射、富有表现力。所谓语言新鲜,有两层意思,一是随着社会发展,产生新的符合规范富有表现力的语言,二是平中出奇的看似浅显,却很有韵味,又极具生命活力的语言。

(二)勤于积累新语录

老师要引导学生做积累语言的有心人,随时随地关注与发现富有表现力的语言,及时采集在语言资料本里。下面展示一位学生平时采集在"采蜜本"里的身边的人物语言。

同学语录——

例1:钱老师好像"开心果",我们上他的课,时常会开怀大笑。

例2:我和张老师打乒乓球,打了几局,我被理了光头。

例3:前排的季明敏同学说:"这道数学应用题把我眼泪都辣出来了。"

例1,不用常见的"风趣"或者"幽默",而用"开心果",别人也会理解钱老师会"逗"大家乐,显得新鲜。

例2,用"理了光头"形容总是输,一分未得,表示自己打球技术很差,感觉生动形象。

例3,表示这道数学应用题很难解答,"眼泪都辣出来了"是夸张的说法,既形象,又有意思,很有表现力。这比说"非常难解答",生动多啦!

老师语录——

例1:钱老师赞扬说:"我们的班长是位'小包公'。"

例2：教英语的吴老师说话很诙谐："晓光同学，你还不给书包减肥呀？"

例3：教我们音乐的周老师乐呵呵地问："你们是哪位歌手的粉丝？"

例1，大家都知道包公秉公办事，人称"包青天"，说班长是"小包公"就是赞美班长处理问题公平、不偏袒。

例2，借用"减肥"一词，劝学生要给书包瘦身，诙谐有趣。

例3，"粉丝"是流行语言，很有时代感。

家长语录——

1. 听爸爸说他有位同事，一到下班，脚下像抹了油，跑得比谁都快。

2. 妈妈说："你瞧，邻居李奶奶牙齿全'下岗'了。"

3. "我有一肚子苦水倒不完。"我曾听妈妈抱怨。

例1，用"抹了油"，形容那位同事下班走得急，生动形象。

例2，"下岗"是改革开放时代的产物，用"下岗"说老人牙齿掉光了，很新鲜。

例3，用"苦水"来表示心中的苦闷、难处，既易于理解，又形象、生动。

这位学生的"采蜜本"是分门别类记录的。他在记录这些句子时，很耐心地用横线画出新鲜的词语，做记号提醒自己（即以上句子中加横线的词语）。全班同学都有这样的"采蜜本"，放在书包里，随时发现，及时采撷鲜活的语言。

此外，街市就是一座敞开的图书馆，社会就如一座语言金矿。老师要引导学生随时留心身边生活，养成收集语言的习惯，丰富自己的词汇仓库。

（三）善迁移巧运用

积累固然重要，但老师更要注重引导学生迁移运用。记得在一本书上看到一句很有哲理的话：

我们不应该像蚂蚁仅仅会收集，也不能像蜘蛛那样只从自己肚子中抽丝，而应该像蜜蜂；而应该像蜜蜂既采集又酿造，这样才能酿出香甜的蜂蜜来。

要交流"采蜜本"。正如"我有两个苹果，你有两个雪梨，彼此交换，就变成各自都有苹果、雪梨"。收集、交流、参观"采蜜本"可让学生互相学习，让彼此思维更活跃、更开放。老师还要引导学生写作时，尽量加以灵活迁移运用。这样做，老师在学生在习作中，常会见到这一类新奇的语言。请看下面这段话：

一个晴天的午后，我站在我家附近的池塘边，看到那类似长方形的大池塘就像一面大镜子，平静的水面，倒映着各色彩霞：银白的、金黄的、淡红的、浅蓝的；还有那池边的黄花啦，绿草啦，灌木啦，也倒映在平静的池塘里，好像一幅多彩的风景油画倒映在池塘里。我忽然看到<u>小鸟在水中飞翔，鱼儿在天上游玩</u>，心里赞叹着：好一幅迷人的美景！真想用相机拍下来。

——六年级　林　炜

这段话写了一个晴天午后，小作者家池塘边美景。遣词造句很平常，但是读起来确颇有味道。尤其是"小鸟在水中飞翔，鱼儿在天上游玩"这一句，让人叫好。按常理，应该是"小鸟在天上飞，鱼儿在水中游"。然而，小作者却反常理而言之。读者不禁会追问：作者为什么这样写呢？细想后，会恍然大悟，拍案叫绝！原来，这是因为池水很干净，水面很平静，让人产生了联想。普普通通的景物，作者经过思考，用平常朴实的词语，巧妙地组织成出乎意料的句子，再现了生动活泼的画面，展现了令人心旷神怡的意境。

我批阅学生习作时，每每看到学生运用新鲜的语言，都会情不自禁地用红笔，开心地画上波浪线，加以肯定。学生生动地说："看到习作中红红的波浪线，就好像看到钱老师微笑的表情，读到钱老师批阅习作时的喜悦之情。"我还常摘录这些生动的句子，以备评讲时随机品评、赏析，与其他学生分享，并借此鼓励学生运用鲜活的语言，培养创新意识。

例谈六　表真情，动心感人

【习作能力导学点】——要写出真情实感

人人都会说"文章不是无情物"。情感是什么？是我们对所接触的人、事、景、物所产生的种种感受。热爱、喜爱、高兴、喜悦、难过、快乐、生气、厌恶……这些喜怒哀乐的感受就是情感。引导学生把对人物、事物、景物、物体的真实情感用富有生命的词语表达出来，就必须使感情成为可感、形象、鲜活的文字。

（一）亮出"写真"底线

写真情实感就是要提倡小学生写真生活。什么是真实的生活？就是学生亲历过的事，确实做过的事，真正见过或亲耳听到的事。老师指导写作时，要强调和提倡写自己亲自做过或参与过的事情。老师、学生都要明白真情实感的具体要求。

从习作选写的材料来说。必须真有其人，让读者如见其人；真有其事，让读者似历其事；真有其景，让读者亲临其境；真有其物，让读者如见其物。不胡乱编造，不无中生有，不捕风捉影，即使写想象习作，也必须让读者觉得贴近生活，真实可信。

从习作语言文句来说。所写的都是实话真话，无论写人、记事、绘景、状物，都要实事求是，朴实无华，是怎样，就写成怎样，一是一，二是二，丁是丁，卯是卯，不夸大其词，不矫揉造作，不堆砌词语，写的是儿童自己的话，写童言、童话。

从抒发情感方面来说。表达的情感确实是儿童的心里话，抒发的是属于儿童自己感情的自然流露，真感受，真感悟，真认识，真童趣，真童情，真有意思；不人云亦云，不虚情假意，不无病呻吟，真能打动人心，引起读者共鸣。

（二）创设场景，速写真事

写小练笔前，我创设简单易写的生活场景，让学生把现场所见、所闻、所做、所想，当场速记下来。我经常做下面这类热身练笔，引导学生写真事情，写真生活，写真经历。请看练笔片段：

钱老师进了教室，师生问好后，立刻宣布："打开语文作业本，准备默写。"我连忙翻开默写本子新的一页，写上日期，望着老师，等待布置默写内容。

"默写《登鹳雀楼》，时间两分钟。开始！"钱老师提高了嗓音。

同学们立刻埋头默写起来，教室更加安静。我很高兴，因为昨晚用心准备了古诗默写。我立马低头默写《登鹳雀楼》：

"白日依山尽，

黄河入海流。

欲穷千里目，

更上一层楼。"

我一口气默写完，检查了一遍。老师说："时间到！把默写本传到第一桌。"大家迅速地把本子传到第一桌。我扬扬自得，因为我摸着钱老师特点：他很会考验我们的自觉性，他说如果家庭作业少，多余时间让我们自由掌握。我昨晚就想明天一定有戏看，一定会有小测。于是我把前面教过的古诗背了又背，这次默写古诗肯定满分。老师说过，成绩是"属于有准备的人"。耶！我心里不由地有点小激动。

——四年级　曾　宏

这则练笔写的是真场景、大实话。设计现场生活场景让学生练笔，不仅练语言，练思维，还能避免学生为应付交习作，编造虚假的事情。

（三）抓住契机，动心抒情

习作的情感表达要可视、可感、可信，要动心、动情、动人。语文老师尤其要以饱满的激情投入教学教育活动。我常抓准情感教育契机，设计练笔，引导学生抒发真情实感。小学学习生活中，我认为以下这些都是情感激发的契机——

偶尔有同学转学了，老师引导班委组织开个欢送会；班级获得某一项重要的荣誉或同学比赛载誉归来，开庆功会；班级哪位学生生病多天康复了，引导班委组织几个同学开个欢迎会；班级待进生某一方面进步特别明显或哪位学生做了特别感人的好事，老师组织班委开个隆重的成长庆祝会；小学毕业前夕，引导学生互赠毕业留言，开个友情告别会……

记得有位学生转学前一天，我引导班委会组织召开一个欢送会，安排了如下程序：一是中队长致送别辞；二是同学自由说告别的心里话；三是转学的同学说告别的话；四是钱老师赠言。

送别会开得非常成功，会后，我略作指导，让同学们以"送别"为话题写习作。因为现场送别的情景十分感人，学生的习作表达情感十分饱满。请看一位学生写的《送别》习作摘录——

……

送别会进行到第二环节，同学们自由发言。

"刘姗同学，你要转学了，明天就听不到你的笑声了，祝你在新班级里，每天开开心心！"中队长带头送告别赠言。不少同学接着纷纷话别：

"希望你把我们班的优点带到新班级。"

"希望你在新班级发扬优点！"

柯福林说得特别动心："上一学期我们同桌时，有次，你的手超过'三八线'，我曾用铅笔捅过你的手臂。"他朝刘姗走去，鞠个躬，哽咽着："我特向你说一声对不起，请原谅。"他竟呜咽起来。我坐在刘姗同学旁边，此刻，眼里也含着泪，不敢看柯福林同学。

刘姗站起来擦了擦眼睛，动情地说："我应该谢谢你平时对我的帮助！"

正好轮到刘姗说告别话了，她向钱老师深深地鞠个躬，说："你教我们班一年了，感谢您的指导，让我不怕写作了。我不是你最好的学生，但是，您是我最敬爱的老师。"说着，她面向大家说："谢谢大家五年多来，对我的关心。我不舍得，真不舍得……"她背过身用手背擦眼泪。

此时，我听到轻轻的啜泣声，看到附近几位同学擦拭眼泪。我脑海里浮现出我俩互相关心的美好画面：她借尺子给我，借作业纸给我，我们愉快地互相修改习作……想到这一别，也许难见到刘姗同学了，我好舍不得她转学，泪水模糊了我的眼睛。

钱老师动情地送给刘姗一句话："是种子，到哪里都会成长，祝刘姗同学健康成长！同学们，让我们一起说：'祝刘姗同学健康成长！'"

"祝刘姗同学健康成长！"这声音在教室回荡，在耳边回响。我看到刘姗同学不住地擦眼泪，钱老师用餐巾纸擦泪水……

这送别会洋溢着浓浓的同学情。这真诚的同学情，这可贵的同学情，这难忘的同学情，流淌在我们幼小的心灵深处！

——五年级　林明华

作者的确受到现场气氛的感染，笔下文字让人动情。笔者重读此文，当时送别的场景历历在目，眼睛依旧湿润。解剖上文，我们能看到作者运用多种方法表达情感——

描写语言——送别自然要倾吐心里话，作者引用了典型的语言：同学的送别话语、刘姗的告别话语、老师的送别赠言，如在耳畔回响。"言为心声"，朴实的话语各不同，都倾吐相同的依依惜别的情感，那重复多次写"舍不得"是童情的真实流露。

描写神情——作者身临现场，目睹了送别时场景，倾吐了难过的神情：看到柯福林"哽咽着"向刘姗说对不起，"并呜咽起来"，听到同学"啜泣声"，多次描写刘姗流泪的神情，写了钱老师流泪的表情，也写了自己"泪水模糊了眼睛"。在特定场合，描写流泪表情，也是表达情感的方法之一。

描写心理——心理活动只有自己知道。作者重点描写自己回忆与刘姗同桌时，美好的画面：借学习用品、互改习作等，虽是点滴小事，却铭刻在心里。

直接抒情——在文章结尾，作者心潮涌动，以炽热的语言直接抒发情感："这真诚的同学情，这可贵的同学情，这难忘的同学情，流淌在彼此幼小的心灵深处！"真是"泉到涌时自流淌，情至深处笔生花"。

情感教育是"唤醒心灵的教育"。"以心育心，以情激情"，老师要善于抓住激发情感的良机，精心设计教学，拨动学生内心情感，学生自会敞开心扉，打开情感的闸门，拥抱每一个心动的瞬间。唤起学生写作的激情，笔下才能流淌出浸润着情感的、有温度的文字。这样，习作的字里行间才会闻到情感的蜜香。学生能写出真人、真事、实景、实物、实话、真情感的习作，怎么会担心应试？

每次给骨干老师做讲座，讲到此事例，都会让现场的老师眼睛湿润；直到现在我写此书，又一次回忆此事，又一次感受童情，依然心潮起伏，依然眼含热泪。

老师们在习作教育过程中，要明确小学习作是语用练习，是习作，因此要强化儿童语言基本功训练，要"致力于培养学生的语言文字运用能力，提升学生的综合素养"（语文课程标准，2011年版），着力培养学生思维品质。

老师要淡化写作方法灌输，让学生把目光聚焦在习作内容、语言上，重视在写的过程中努力把内容写通顺、写准确、写得体、写新鲜，写出变化，写出童真童情。教、学、练、考、评，要协调一致，力争微写作训练长效应。

第四讲　遣词造句新探索
——拓宽写句训练场

一位作家说过:"语言是文章的衣裳,制作衣裳需要裁缝的功夫,写文章需要组织语言的功夫。"我们知道盖高楼要打牢地基,学音乐要练习音阶发音,学画画要练习线条,学写字要练写基本笔画。同理,写好句子是练童子功,是写好成篇习作的基本功。打好基本功,习作才轻松。笔者建议三点:训练要强化,思维要放开,形式要多样。

在老师常态化指导下,小学生能够逐步把句子表达完整、规范,并在此基础上,把话说得美一些,让人"乐意看"。这一讲的创意例谈内容,主要介绍如下几种新颖而有效的写句训练方式。小学低、中、高段老师皆可阅读。

例谈一　素描式写句

【习作能力导学点】——观察实景实物写句

传统的写句练习作业都是让学生用指定的词语造句。这种练习有它的局限性,因为学生,尤其是低年段的学生要根据提供的词语,凭空硬想一个句子,头脑里没有具体生活画面,写起句子来"虚"且"空"。要开放写句训练空间,指定词语写话和学生自由写话相结合。我是这样做的:引导学生观察眼前活生生的实物、实景、真事、真人,写句子。

(一) 观察校园实景写句

1. 教室里取材写句。

无论是低年级学段还是高年级学段，老师都要引导学生学好写句基本功。训练时应注意"四先四后"：

先观察，后想句；先说句，后写句；先通顺，后变化；先准确，后生动。

目之所及，都是丰富多彩的生活绘本、千姿百态的自然绘本。老师必须让学生看着实景、实物，自由地练写句子，先写教室实景、实物的句子。教室里，眼前所见，无所不能写。下面，引用的是学生写教室所见的句子作业：

（1）一面鲜艳的五星红旗挂在教室前边墙上正中间。

（2）教室右边墙上展示台里，贴着许多语文、数学优秀作业。

（3）小书橱上面摆着几盆我很喜欢的多肉植物，它们的叶子厚厚的，难怪称它为多肉植物。

看得出，面对实景实物绘本，学生句子更多样，内容更丰富，思维更形象。这种写句训练法十分方便，可以就地取材，开拓学生思维，让学生自由发挥。

2. 观察校园一角写句。

老师带学生到校园里任意选一处景物绘本，选择写句对象，一边近距离观察，一边思考，一边写句子，"思考"是关键。比如，带学生到校园升旗台周围，现场写句子。请看写句作业摘录——

（1）学校升旗台四周摆放着许多盆花，有一盆花好奇怪，同一株花怎么开出两种不同颜色的花呢？

（2）我抬头看到银色的旗杆顶端的五星红旗正在迎风飘扬。

（3）旗杆后面的背景墙上，挂着我们学校漂亮的校徽图案。

3. 观察四季景物写句。

老师可以带学生观察校园绘本，一年四季景物的变化。比如：春天来了，校园里春意盎然。老师带学生到学校的小植物园周围，自由写句。学生有了写句物象，写起来兴味盎然，写的句子五花八门。请看例句——

（1）春天来了，学校植物园里的小草都披上了绿装。

（2）春天到了，植物园里的瓜子松长出了细细的嫩芽，好可爱！

（3）我看到那些盆花都绽开了笑脸，红的、黄的、紫的，鲜艳的色彩，芬芳的花香，引来了许多蝴蝶。

春夏秋冬，我都让学生到校园现场感知景物变化，面对实物，现场观察，而后给绘本配上文句。

4. 观察同学活动写句。

学校课前、课间、课后，学生活动产生了动态的绘本，让学生随机写人物动态的句子，内容可谓丰富多变。请看学生写课间人物活动绘本的句子——

（1）我看到走在前面的低年级小朋友有礼貌地向辅导老师鞠躬问好，老师也向他点点头。

（2）课间，操场上的同学三五成群尽情地玩着喜欢的游戏，安静的校园顿时变热闹了。

（3）我看到四楼走廊图书橱边上，许多同学专心地翻看绘本，"小书迷"真不少。

（4）放学了，我看到动人的一幕：我的班长搀扶着脚受伤的林铭同学，慢慢地朝校门口走去。她真是关心同学的好班长啊！

校园里可供写句的绘本材料可多啦！一花一草、一树一景、图书室、游乐园、体育室……皆可成为写句素材。

（二）观察家里一隅写句

家是孩子生活、学习的场所，也是孩子们熟悉的天天翻看的家庭生活绘本。我认为要布置学生尤其是低年级小朋友观察住家环境绘本，练习写两三个句子。请看我的学生描写的居家环境的句子——

1. 我家的书房不大，朝南窗户那儿摆着一张黄色的书桌，一把小藤椅。晚上，我在这里写作业、背古诗、看绘本、练字、画画，我喜欢我的学习小天地。

2. 我最喜欢我家阳台，那里摆着我喜爱的盆花，一有空，我就会松松土，浇浇花，闻闻花香。

3. 有时周末晚上，客厅就成了游乐园。爸爸说的笑话让我和妈妈笑得前俯后仰，妈妈一展歌喉，甜美的歌声在客厅里回荡，我和爸爸情不自禁地打起节拍来。我呢，当然也要亮相啦，最常表演朗诵古诗词："请听女儿朗诵《游子吟》。"爸爸妈妈听得乐呵呵地笑不停。

——四年级　张小兵

像这样的素描式写句训练，学生思维自由驰骋，天马行空，没有思想负担。老师引导学生对同一个目标进行观察，也可以自主选择目标，无拘束地练习写句子，避免学生想当然式写句。

（三）观察动作演示写句

实物、实景多数是静止状态的，写起来相对比较容易。在这样的基础上，增加一点难度，观察人物动作写句子。老师演示动作，学生写句子；也可以让一位学生演示动作，大家写句子。

下面是老师表演的各种常见动作：提手提包，表演不同的走路姿态（如：急急忙忙走来，低头慢慢走，反复来回走，或散步，或踱步……）然后，让学生把老师演示的动作描写下来。下面是一位学生现场观察的写句作业：

1. 钱老师左手提着一个我们常见的公文包，低着头慢慢地走进教室。

2. 钱老师左手提着公文包不急不忙地进了教室，接着随意走着，像是在散步。

3. 钱老师左手提着黑色公文包朝讲台走来，不知怎么的在讲台前来回走着，似乎在找什么东西。

——四年级　于晨思

低年段经常安排时间练写实景、实物、真人、真事的句子，学生会逐步把学到的词语，与眼前所见到的生活画面联系起来，这样就能够让学生内化的词语、眼前真实的画面、书面外化的语言紧密地联系在一起，表达的意思就准确、真实。这种演示方法写句简单、形象，可以把观察、思维、表达融为一体，学生很易理解，因而写句效果也极佳。

（四）观察人物外表写句

学生写人常凭臆想，樱桃小嘴啦，眉毛弯弯啦，圆圆脸蛋啦。美则美矣，却不是观察所得，而是"复印"他人的语言。描写人物不能想当然，要引导学生亲自观察身边的人，然后写句。学生写句前，老师要稍作引导，比如：告诉学生，外貌描写包括对人物进行容貌、神情、服饰、体态等方面的描摹。

接着，老师请班级中长相最富有个性特点的同学到讲台前当模特，然后让学生边近距离观察，边写句。请看学生观察"模特"后，写的句子——

1. 黄晨同学剪着运动头，长着一对又黑又亮的眼睛，因为太胖，好像长着两个下巴似的。腮帮子鼓鼓的，我想起他跑步时，腮帮子会跟着有节奏地抖动。

——写容貌

2. 黄晨同学穿着白衬衫，浅黄色的运动裤子，胸前红领巾在白衬衫映衬下，格外鲜艳。

——写服饰

3. 我的好朋友黄晨站在讲台前，笑眯眯地望着我们，嘴巴微微一动一动，好像在回味着什么好吃的食物。　　　　　　　——写神情

4. 黄晨是我同桌，他在班上算中等个子，大约一米四吧，长得胖，同学都叫他黄胖墩，他脾气好，从不计较。　　　　　　——写身材

瞧，全班学生面对眼前真人模特，进行素描写句，兴味盎然。这样的"写真"练笔，就像美术素描，虽然面对同一个对象素描，但是每个同学视角不同，关注点不同，写的句子也不同：摹容貌的，画衣着的，写神情的，描身材的等等，这样的句子真实、准确，画面感强。面对实景、实物、真人、真事观察写句训练，是以现场生活为平台，以眼前画面为依托，融观察、思考为一体，而后外化为书面语言。素描写句训练，培养了学生写真话的习惯。老师要循序渐进地分步进行素描写句训练，注意"四先四后"——

先简单，后复杂；先单一，后综合；先静态，后动态；先景物，后人物。

这样安排体现了写句子训练的梯度。观察后，在互相练说的基础上，引导学生写下来。通过这样深入浅出的指导，学生就能触类旁通，逐步掌握写好句子的基本要素。

例谈二　变位式写句

【习作能力导学点】——学习求异思维

当然，指定词语写句子训练也不能缺少。笔者发现，用指定的词语造句时，学生往往会把指定的词语用在句子固定的位置上。为了改变这种固化模式，我尝试着训练学生变位式写句，培养学生的思维能力。用指定词语写句正确的前提下，适当提高训练坡度，老师可以提出这样的写句要求：用同一个词，造三个句子，并规定用来造句的这个词，在句子中位置要变化。比如，用"热闹"造三个句子，要求"热闹"用在句首、句中、句尾。请看学生写的句子：

1. <u>热闹</u>的操场上传来同学们欢声笑语。　　　　　（"热闹"用在句首）

2. 节日的五四公园真<u>热闹</u>，游人们纷纷拿出相机"咔嚓、咔嚓"连续拍下心仪的照片。　　　　　　　　　　　　　　　（"热闹"用在句中）

3. 元旦晚上，五一广场，灯火辉煌，游人如潮，多么<u>热闹</u>！

（"热闹"用在句末）

——四年级　庄　琳

经常进行这种词语变位式造句训练，可以改变学生习惯性的定式思维，启发学生深思细想，培养创新思维能力，发掘思维潜质，提高写句质量，培养写作语感，激发语用灵性。避免学生满足于写个句子交给老师打个"红钩"，为造句而造句的消极学习态度。

例谈三 想象式写句

【习作能力导学点】——看图写句，培养合理想象的能力

"想象力比知识更重要。"写句训练思维的方法很多。老师也可以给学生创设写话机会，比如：老师可以用粉笔在黑板上，画各种线条图形，让学生进行合理想象写句。

（一）画简笔图写句

老师可以在黑板上画最简单的线条，比如：短直线、短斜线、短弧线、短折线、短波浪线。

图一   图二   图三   图四   图五

老师画这样的简笔画应该没有困难，让学生看简笔画写句，旨在培养想象能力。

1. 练笔目标。

丰富写句训练方式，引导学生变向观察所画的线条，展开想象，培养想象能力，夯实写句基本功。

2. 练笔导航。

（1）先写图中线条特点，再写由图形想象到的内容。思路引导→描写图形形态特点＋联想想象的内容。

（2）一种图可以想象写一句，也可以写多句，五幅图，可以都写。

（3）要求联系生活，只要想得"像"，想得合理，语意完整就行。

3. 练笔展示。

请读下面一位学生看图想象写句作业——

(1) 第一幅图"∨",想到它像小鸟扇动着翅膀在空中飞翔,想到老师手执红笔给我们批改作业打钩"∨"的记号。把图倒过来看,变成"∧",有点像旧时"人"字形屋顶。

(2) 第二幅波浪线让我头脑里浮现出很多画面:它像连绵起伏的远山轮廓,像蜿蜒曲折的上山小路,像电视里看到的沙漠上起起伏伏的沙堆。

(3) 望着黑板上画的"Y",我觉得它像树杈,又像三岔路口指路标记,还像妈妈晾衣服时用的晾衣叉。

(4) "|||||"这幅图让我想到我家窗户安装的防盗网,还想到过马路的斑马线。

(5) 图五,让我想到我家入户门的猫眼,想到射箭运动员打靶用的靶纸,想到水滴在平静的河面上荡开的圆形波纹,还想到宇宙中一环一环的卫星云图。

——四年级 柯 洁

学生颇有想象思维潜力。光是图二波浪线引起的想象,有学生就写了四句——

(1) 望着波浪线,我首先想到的毛毛虫向前爬行的样子。
(2) 望着老师画在黑板上的波浪线,我好像看到草原上弯弯曲曲的河流。
(3) 我望着黑板上的波浪线,想到了蜿蜒在群山峻岭之间的盘旋公路。
(4) 我望着老师画的波浪线,自然想到在地上向前爬行的老蛇。

——四年级 陈祖捷

设计这样的看图想象写句,把观察画面、合理想象、多元思维、书面表达融为一体,对培养学生增强语感、形象思维能力大有裨益。

(二) 补充式,想象写句

老师还可以设计不完整的句子,要求学生填充想象部分,使句子完整,培养想象能力。如:在横线上写想象的内容,使句子变完整——

1. 夏天晴朗的夜空中,星星一闪一闪的,好像＿＿＿＿＿＿＿＿

2. 我们在公园里玩，把面包屑洒在地上，好几只不怕生的白鸽立刻啄了起来，脑袋一动一动的，似乎_____

3. 在公交车站等车的人们，突然都抬头向天空望去，原来，_____
_____

这种练习，老师要指导学生，根据提供的前半部分内容，通过想象，把句子后部分补充完整，填充部分只要合理就行。请看学生补充的内容——

1. 夏天晴朗的夜空中，星星一闪一闪的，好像<u>在朝人们眨眼睛呢</u>！

2. 我们在公园里玩，把面包屑洒在地上，好几只不怕生的白鸽立刻啄了起来，脑袋一动一动的，似乎<u>对我们说："好吃，好吃！谢谢，谢谢！"</u>

3. 在公交车站等车的人们，突然都抬头向天空望去，原来，<u>天空中，雨后出现了美丽的七色彩虹</u>。

老师要指导学生想象要有依托，想象的前文提供了想象的依据：由"星星一闪一闪"的特点，想象到它们在向人们眨眼睛；由"白鸽脑袋一动一动"的样子，想象到似乎在说"好吃，好吃！谢谢，谢谢"等；由人们"抬头向天空望去"的状态，可以推想"天空中，雨后出现了美丽的彩虹"等等。这样的填充训练，进行逻辑思维训练，让学生明白，有时加上合理的想象，句子会更加充实、具体、形象、生动。

例谈四 变句式写句

【习作能力导学点】——学写多样化的句式

语文老师会发现，虽然学生基本都会认识各种修辞句式，但是在习作中能得心应手运用不同句式的，并不多见。这是因为平时缺少练写这类句子。所以写句练习时，老师还可要求中高年级学生用同一个词语写两句以上修辞句式不同的句子。比如：用"灿烂"造两个以上不同的句子。请看有的学生用"灿烂"写了六个句子：

1. 春节夜里，<u>灿烂</u>的灯光照耀着人民广场。　　　　——陈述句

2. 夜幕降临，我家附近百货商店楼顶弧形的各种色彩装饰灯亮起来了，好像彩虹悬挂夜空，多么耀眼，多么<u>灿烂</u>！　　　　　——比喻句

3. 花坛里，那一盆盆<u>灿烂</u>的鲜花多么引人注目啊！　　——感叹句

4. 经过学校一层门厅，我看到一排<u>灿烂</u>开放的鸡冠花好像在列队欢迎同学们上学。　　　　　　　　　　　　　　　　　　——拟人句

5. <u>灿烂</u>的阳光透过树叶照在地上，留下一个个大小不同的椭圆形光圈，这是为什么呢？　　　　　　　　　　　　　　　　　——疑问句

6. 瞧！那个小孩举着彩色气球乐呵呵地笑得那么开心，那么甜蜜，那么<u>灿烂</u>！　　　　　　　　　　　　　　　　　　　——排比句

——四年级　詹大炜

老师要求学生一次造句写出不同句式，就是"逗"学生造句时，进行多角度多维的思考，要求学生用上不同的标点符号。这种训练，与递进式变序训练有异曲同工之妙。经常进行这种思维操练，学生就能熟能生巧，习作时，就能自觉自如地变换句式，使文句丰富多样，有起伏、有弹性，文章自然就会生动起来。

例谈五　美容式写句

【习作能力导学点】——学习把句子写生动形象

句子是文章的基本单位，文章要生动，句子就要形象、生动、活泼。语句要生动，老师要引导学生给语句"化妆"，即给句子巧施"美容术"。写句子训练时，老师要求学生不仅追求句子各个要素必须完整，句子语意明晰，还要适当地打扮一番。

（一）让句子言之有色彩

语言是有色彩的，可以用以绘色。老师可以这么与学生谈话——大家喜

欢看黑白电视呢，还是喜欢看彩色电视？黑白绘画本好看呢，还是色彩绘画本好看？通过这样的启发，学生立即明白当然是爱看彩色电视和彩色绘画本啦！当然，要先积累各种色彩词语。我让学生"想"起来，"动"起来，"忙"起来。在黑板上，开辟一块园地，美其名曰："色彩词语大聚会"。让学生按下面提示，把不同的色彩词语在黑板上列队。才两天，黑板上，"开"满了表示各种色彩的词语之"花"。

1. 色彩词语大聚会。

单色——紫色　蓝色　朱色　橙色　白色　黑色　棕色　褐色　黄色

复色——紫红　灰白　朱红　黄绿　碧绿　苍白

程度色——嫩绿　淡绿　浅绿　翠绿　深绿　暗绿　嫩红　大红　深红　绿油油　黄澄澄　红彤彤　金灿灿　蓝茵茵

类比色——天蓝　湖蓝　桃红　火红　枣红　墨绿　梨黄　金黄　雪白　草绿　橘黄　土黄　漆黑　柠檬黄　茄子紫　翡翠绿　胭脂红　葡萄灰　橄榄绿

综合色——五颜六色　万紫千红　绿水青山　花红柳绿　灯红酒绿　白里透红　红白相间　绚丽多彩　五彩斑斓　五彩缤纷

此后，色彩词语队伍越来越长，为了方便使用，学生把这些词语按类别抄在卡片上了。

2. 给句子加上色彩词语。

语言是有色彩的，所以可以染色。人们都喜欢色彩鲜艳的东西，如：彩色绘本、彩色电视、五彩斑斓的鲜花、绚丽多彩的烟花。老师让学生自己设计有色彩的句子，与没有色彩的句子进行对比，让学生体味用上色彩的好处。

【原句】

春天来了，我家小花圃里迎春花开了，百合花也开了，煞是好看！

【新句】

老师引导学生在适当的位置，添上合适的表示色彩的词语后，句子变成这样：

春天来了，我家小花圃里<u>淡黄色</u>的迎春花开了，<u>白色</u>的百合花也开了，煞是好看！

句子中加上"淡黄色""白色"，迎春花、百合花就有了色彩感。

【原句】

妈妈穿着一套崭新的西装，挎着皮包上班去了。

【新句】

老师指导学生在句子适当的位置，补上合适的色彩词语后，句子变成这样：

妈妈穿着一套崭新的蔚蓝色西装，挎着枣红色皮包上班去了。

西装和皮包的色彩可以是多种多样的，加上"蔚蓝色"和"枣红色"，比原句具体、明确了。

【原句】

那小姑娘的脸上挂着甜美的笑容。

【新句】

引导学生在"小姑娘"之后，加上适当的色彩词语，句子变成这样：

那小姑娘红扑扑的脸上挂着甜美的笑容。

给句子添上合适的色彩词语，所描述的事物就更有立体感、更有真实感。

（二）让句子言之有形象

语言是有形态的，所以可以摹状。世界上的万物是千姿百态的，遣词造句时，要指导学生描绘出各种不同状态，有时还要描写事物姿态的变化。

1. 数字寓言。

在民间经常会看到用数字寓言的做法，"8"寓意为"发"，"10"寓意为"十全十美"，"9"寓意为"长长久久"，"6"寓意为顺利。如：

公园的小花坛里五颜六色的盆花摆成三个"6"字形，爸爸说寓意为"顺顺顺"，行人常在这组花坛前照相留念呢！

2. 字母绘形。

在文艺作品中，常见用英文字母描绘事物的形态，"w"形，"o"形，"v""h"形等等，可以引导学生用字母绘形。如：

一辆黑色的私家车好像喝醉酒似的，居然在大街上走成"s"形，其他车纷纷避让，真危险！

3. 汉字绘形。

有时，也可以用汉字来表示形态，如："十"字路口，我用双手比了个爱"心"形，"之"字形上山小路，眉头皱成"川"字形，他留着"八"字胡子等等。如：

自从我家附近"丁"字路口装上了红绿灯后，交通顺畅、安全多了。

4. 以图绘形。

还可以用绘图的方法来描写形状：□形，◯形，△形等等。如：

公园里绚丽多彩的郁金花，摆放在呈"♡"形的水池边上，让人们联想到好像高脚杯展览会似的。

5. 文字绘形。

人们比较喜欢使用文字来绘形。如，樱桃嘴、柳叶眉、单凤眼、鹰钩鼻、招风耳、兰花指、一字胡，还有用打比方的方式描写形状的。请看例句：

（1）图书城少儿部，那位年轻的服务员阿姨长着<u>樱桃小嘴</u>，说话柔声细语，可亲切啦！

（2）我们学校操场南面，升旗台左侧，那棵<u>榕树像一把撑开的巨伞</u>，遮住了小半个操场，为我们遮阳挡雨。

给句子加上适当的形态后，语意表达得更具体、准确、形象了。

（三）让句子言之有声音

语言是有声音的，所以可以拟声。不少小学生写生活中的事物，往往不会顺便应用象声词。比如，只会写"刮风了""司机不停按喇叭"，如果加上象声词，变成风"呼呼呼"地刮起来了；司机"叭叭叭"不停地按喇叭，就生动多了。

1. 故事引路。

这里给一线老师提供一个战斗故事的片段资料。我在训练造句摹拟声音时，常给学生描述如下的故事片段：

抗日战争时期，有一天，上级派侦察员王叔叔从芦苇荡湖中心乘坐小船，趁黑夜深入敌占区某地村庄侦察日寇敌情。不巧，刚摸进村口，敌人的军犬发现了，就乱叫起来。王叔叔只好迅速往湖边撤离。

"汪，汪，汪汪汪……"军犬叫声打破了夜晚的宁静，一小队日本鬼子一路追寻。

王叔叔飞快地朝湖边上岸的地方奔去，很快到了小船停靠的地方，轻轻地跨上小船。船夫握着木桨"哗、哗、哗……"小船慢慢地向湖中心芦苇荡驶去。

湖边小路上，敌人手电光四处乱照，"汪、汪汪、汪汪汪……"敌人牵着军犬，紧追不放。"哗哗，哗哗，哗哗……"船夫加快了桨频，小船急速地向湖中心驶去，即将到芦苇荡了。

"啪啪，啪——啪，啪啪……"敌人向湖中心胡乱地扫射。"哗哗哗！哗哗哗！哗哗哗……"船夫拼命地加快了划桨的速度，小船像箭似的驶进了茂密的芦苇中不见了。侦察员王叔叔毫发无损地脱险了。

敌人不敢贸然追击，只好叽里呱啦地骂着缩回老巢了。

这个故事中用了多组不同的象声词。学生在教师指导下，了解了作者通过象声词停顿变化、标点变化、组合变化、节奏变化，巧妙地表现了王叔叔脱险过程的紧张气氛，让学生深刻理解了在特殊的语境里，象声词的表达妙用，进而提高使用象声词的自觉性。

2. 学用象声词。

自然界有各种声音——风声、雨声、雷声、水声、泉声、浪声。

动物叫声——猪叫、鸡啼、狗吠、鸭叫；鸽子咕咕叫、麻雀唧唧叫；青蛙呱呱叫、蜜蜂嗡嗡叫、蚊子嗡嗡叫。

机械声——机器轰鸣声、火车隆隆声、汽车喇叭声、汽笛呜呜声。

人为的声音——敲击声、开门声、鼓掌声、鼓号声、脚步声、欢笑声。

老师要启发学生学会倾听。倾听是观察，也是一种智慧。周围的各种声音可以还原生活。自然的、人为的、机械的，呼呼的风声、哗哗的雨声、潺潺的流水声、叮咚的泉水声，一切声音皆可入耳，一切声音皆是音乐，一切声音皆可入文。

语文老师要指导学生自觉根据习作表达需要，使用丰富的象声词。比如：

（1）春雨"淅淅沥沥"地下着。（"淅淅沥沥"准确表现了春雨轻盈的特点）

（2）雨"滴滴答答"地下起来了。（写出了刚下雨时，雨点稀稀拉拉的特点）

(3) 大雨瓢泼似的,"哗哗哗,哗哗哗"地下着。(重复使用象声词"哗哗哗",表示大雨一阵紧似一阵,不停地下)

(4) 北风"呼呼呼"地刮个不停。(象声词"呼呼呼"表示风声大,人们才能听见"呼呼呼"的风声)

(5) 闪电撕破了夜空的黑云,"轰隆隆,轰隆隆……"巨雷打破了夜的宁静。(连续使用几次象声词"轰隆隆"表示雷声不断,将要下雨了)

以上句子中的象声词,是描写自然界气象的。倘若这些句子不用象声词,读者就无法区别不同的状态。再看下面的句子:

(1) 池塘里的青蛙"呱呱,呱呱……"叫个不停。

(2) "叽叽喳喳,叽叽喳喳……"树上的小麻雀叫得正欢呢!

(3) 小猫在阳台那儿"喵喵,喵,喵喵喵"高一声低一声地叫着。

这是描写动物叫声的象声词,用上象声词,才能表现出动物叫声的特点与个性。再看,生活中,常听到的机械发出的声音:

(1) 那辆黑色的摩托车"突突突……"尖叫着飞驰在平坦的大道上。

(2) "嘟嗒——嘟嗒——"救护车呼啸而过,其他车辆纷纷让道。

这些句子中的象声词,描写了摩托车、救护车行进时的状态和速度。

同样的象声词使用标点变化、停顿变化、组合变化,能够细腻地表现不同的情景。请看下面的句子:

(1) "啪,啪"房门外有人敲门。(使用单音的"啪"和逗号,表示是一下一下地敲门,间隔时间略长)

(2) "啪啪、啪啪……"房门外有人连续地敲门。(使用双音重复的"啪啪"和顿号,表示连续短促地敲门,敲得略重,好像有急事)

(3) "啪啪啪!啪啪啪……"房门外有人连续急促地敲门。(使用三音重复的"啪啪啪"加感叹号,描写不断地敲门,表示更加急促有力)

这三个句子中,使用的象声词是一样的,组合不同,就把敲门的不同情状准确地区别开了。有位外地的同行听了我上的象声词的妙用指导课,兴奋地说:"没想到象声词和标点相配合,居然有这样的表达妙用。这节课让我看到了学生真正'学语文的风景'!"

（四）让句子言之有味道

语言是有味道的，所以可以形容气味，老师可启发学生描写花卉、品尝糕点等食物时，用上表示气味、味道的词语。如：

例1：正月初一，我家水仙花开了，清新的花香弥漫整个客厅。

例2：妈妈买回一大包熟透的杨梅，洗干净了，我拿一个尝了一口，酸中带甜，真好吃，一连吃了三个。

例3：古田水蜜桃可好吃啦！咬一口，满嘴都是香甜的汁水，像含着一口蜜水一样。

——四年级　庄　媛

例1画横线的词表示鼻子闻到水仙花气味，例2画横线的词语表示熟透的杨梅的味道，例3画横线的词语表示水蜜桃的味道。用上这些表示味道的词语，读者就会联想到所描述的味道，句子变得有滋味了，更生动了。

此外，人们可能会有如下生活的体验：得到表扬、获得某种成功，心里感觉是"甜"的，常用"甜滋滋"等词语来形容；受到批评、或者遇到挫折，心里感觉是"酸"的，常用"酸溜溜"等词语来形容。

老师要引导学生写句时，用上形容心理感受的词语。如：

1. 我这个单元英语考成绩比同桌差一大截，心里酸溜溜的，郁闷了好一阵子！

2. 听了严老师鼓励我的一番话，我心里甜滋滋的。

这两个句子中加横线的词语都是表示内心感觉，用上这些词语，句子变得有味儿多啦！

（五）让句子言之有诗意

学生从教材或者课外读物中，学了不少古诗，老师要提倡写句时引用熟悉的古诗句，让句子言之有诗意，更显得有蕴意。

1. 我看到小区里内河岸边的一排柳树，在春风中轻飘曼舞，不禁想到贺知章《咏柳》的诗句："不知细叶谁裁出，二月春风似剪刀。"

2. 国庆长假，我们一家去黄山游玩，登到山顶，我环顾四周，景物收尽眼底，群峰果然是"横看成岭侧成峰，远近高低各不同"。

3. 钱老师手执粉笔，在黑板上画了一幅荷花图，然后把一只磁铁蜻蜓停在未展开的那片荷叶上，我脑海里立刻浮现出"小荷才露尖尖角，早有蜻蜓立上头"的诗句。

——六年级　范晓雪

这三句话看出学生触景生情，因情而思，联想到学过的古诗句，即兴恰如其分地引用到句子里，因而让文句言之有诗意、有韵味、有文采。

（六）让句子言之有哲理

小学课文的许多单元"日积月累"栏目中，编录不少含有哲理的古今中外的警句、名言，比如："黑发不知勤学早，白发方悔读书迟""滴水能把石穿透，万事功到自然成""不精不诚，不能动人""善待地球就是善待自己"。既然教材中出现过哲理性句子，老师也可以让学生尝试着学写蕴含一定的思辨道理的句子，请看学生作业——

1. 看到邻居老奶奶戴假发，显得年轻漂亮了，忽然，我想到假的东西也不能一律反对，假发、假肢、假眼、假牙对有些人还是需要的。

2. 大雾遮住了美与丑，可是大雾散去后，一切如故，美的依然美，丑的依然丑。

3. 我连叫了三遍阿姨，她头都懒得抬一下，我抬头望见店里墙上贴着"热情待客"的标语，心想：正如我爸所说的"十句标语，还不如一个行动"呢！

——六年级　宁小东

学生能写出这种思辨的句子，是很可贵的。这是学生对生活现象的感悟、体验。训练写这种哲理性的语句，可以培养学生透析事物、认识生活的敏感性。习作需要时，写这样画龙点睛的句子，对增强文章表达效果，无疑颇有裨益。

（七）让句子言之有动感

静有静的美，动有动的美。水平如镜，是静态美；波涛汹涌，是动态美。文章要生动形象，遣词造句时，用上准确的动词，让句子言之有动感。请看：

例1：邻居郑奶奶额头上<u>爬</u>满皱纹。

例2：小金鱼忽而在水草中，<u>游</u>来<u>穿</u>去，忽而张口<u>吐</u>气泡，可好玩了。

例3：柳枝在春风中<u>轻舞</u>，鲜花在春光中频频向人们<u>招手</u>。

例4：早上，我<u>背</u>上书包，<u>出</u>了家门，<u>下</u>了楼梯，<u>穿</u>过甬道，<u>绕</u>过凉亭，<u>走</u>过石桥，<u>上</u>了大街，向左<u>拐</u>弯，不过百米，就到了学校。

——四年级　梁鸿伟

例1中的"爬"字很精彩，准确、有灵气；例2中"游""穿""吐"等动词，写出金鱼动态；例3以拟人的"轻舞""招手"姿态、动作，表现柳树、鲜花的动态之美；例4中的一串单字动词的使用，再现了作者背着书包，走出家门，去上学的行进路线，概括、简练且有动态感。

（八）让句子言之有情感

语言是有温度的，所以可以表达情感。遣词造句时，老师指导学生写句子要饱含情感。如：

1. 刘奶奶<u>温暖</u>的手<u>轻柔</u>地牵着我的小手，真让我备感<u>亲切</u>呀！

2. 林校长把"幼芽杯"画画比赛一等奖的奖状发给我，<u>亲切</u>地<u>鼓励</u>我："希望你再接再厉，祝你成为小画家！"我点点头，心里<u>暖暖</u>的。

3. 我望着妈妈"市先进工作者"的奖状，<u>自豪</u>地想：妈妈<u>真棒</u>，我为有这样的妈妈而感到<u>光荣</u>！

——五年级　于文秀

句子中画横线的词语，非常准确地传递出这样的信息：人物的行为、话语、感觉与心理活动，饱含着情感。老师要引导学生，遣词造句时，要选择表示感情色彩的词语，表达或褒或贬，或爱或怒，或乐或愁的情感。

（九）让句子言之有质感

写的句子要能显示质感，比如：制作材料、深浅、轻重、高低、厚薄、粗细、长短、大小等等，使句子意思表达更加明确。如：

例1：有的小朋友在玩<u>木制</u>七巧板，有的小朋友在玩<u>塑料</u>小积木。

例2：这场雨下得好大呀，不到半小时，我家门前的小巷变小溪，水深足足有<u>30厘米</u>，都没过我的小腿肚啦！

例3：工人叔叔们拉着一车车<u>沉甸甸</u>的砖块，朝建筑工地艰难地走去。

例4：操场中央那棵槐树<u>比三层楼还高</u>。

例5：爸爸书橱的第二层摆着一本足有<u>三厘米厚</u>的医学书。

例6：小区门口左边那棵大叶杨树树干可粗啦！我伸出<u>双手才能抱住它</u>。

例7：这幅闽江山水画约有<u>三米长，一米宽</u>，引来许多人驻足观赏。

例8：展厅入口处的正面墙上贴着一个特大的<u>一米见方</u>的"福"字，格外引人注目，许多参观者在这福字前拍照留念。

——四年级　蔡茹敏

老师利用例句，组织学生互动讨论，明白例1中"木制""塑料"交代玩具制作材料；例2中"30厘米"写出小巷水的深浅；例3中"沉甸甸"写出砖块的重量感；例4中"比三层楼还高"写出树的高低；例5中"三厘米厚"交代书的厚度；例6中"双手才能抱住它"表示树干粗细；例7中"约三米长，一米宽"交代国画作品尺寸；例8中"一米见方"写出字幅大小。

以上句子中画横线的词语倘若删去，句意就不明确，读者会摸不着头脑，心存疑问。语文老师有责任指导学生写句时，注意言之有质感。

（十）让句子言之有乐感

语文课本中有许多文句读起来很有乐感，这样的文句，读起来朗朗上口，又好记又有意思。课文中富有乐感的文句比比皆是：

1. 轻而清的东西，缓缓上升，变成了天；重而浊的东西，慢慢下降，变成了地。

——《盘古开天地》（四年级上册）

2. 马走在花海中，显得格外矫健；人浮在花海上，显得格外精神。

——《七月的天山》（四年级下册）

3. 那雪白的蓑毛，那全身的流线型结构，那铁色的长喙，那青涩的脚，增之一分则嫌长，减之一分则嫌短，素之一忽则嫌白，黛之一忽则嫌黑黑。

——《白鹭》（五年级上册）

在阅读教学中，发现这样富有乐感的文句，老师要引导学生朗读、品评、欣赏，而后启发学生仿写，学生也可以写出富有韵律感、节奏感的句子。如：

1. 我翻着自己编辑的手抄《习作选》，又一次醒目的标题，整齐的字迹，多样的花边，漂亮的图案，心里充满成功感。

2. 我仰起头来望西边的天空白云变化多样，有的像一团团棉花，有的如一片片鱼鳞，有的似一只只绵羊……

3. 院子里，寒风中的梅花，一朵朵，你绽放，我盛开，竞相媲美；一簇簇，你挤我，我挤你，尽显姿态。

——五年级　潘凯旋

这几句话有个共同点：文字搭配看起来整齐，读起来上口，听起来悦耳，富有乐感。显然，给句子适当美容化妆之后，语句就变得有嚼味了。人们读这些句子时，就要像品茶那样品味道，就会琢磨句子中所包含的意思。这种练习可以每隔一段时间重复练习，借以培养与巩固遣词造句能力。

笔者认为，习作训练就像盖楼房一样，要先打好地基，然后才能一层层往上盖，要扎扎实实地训练句子基本功。写句就像砌砖墙，把每一块砖都砌平整、准确、牢固，把每句话写好写正确、明白、顺畅。过好了句子关，给句子巧打扮，就是为写好段落、写好成篇文章打好坚实的基础。笔者还认为，写话亦如摄影美术写真，要瞄准身边生活活绘本，"抓拍""速写"所见、所闻。水果、蔬菜、碟盆皆有生趣；花草、鸟虫、云霞各具情趣，目之所及皆可描摹，耳之所闻都能写话，手之所做亦可入文，心之所思更可抒情。引导学生经常关注身边事物，养成随时感知生活的习惯。

第五讲　句群训练新视界
——练写语段微习作

何谓语段句群？两个或两个以上前后连贯，围绕一个基本意思进行表达的句子组成的比句子大的自然段叫语段句群。语段句群是记事、写人、状物、绘景的一个或几个横截面；它通常由若干个句子按照一定规律、一定逻辑关系的句群组织成一个自然段；语段句群的意思既可以相对独立，又必须与上下文有密切的文脉联系；它既可以是习作重点段，也可以是开头段、过渡段或结尾段。

语段句群虽然小，但六要素俱全。中年级学段习作训练属于启蒙阶段，尤其需要进行语段句群训练，即使高年级根据需要也必须适当进行语段句群训练，牢牢地建立起自然段概念。这是夯实语言表达基础的需要。本讲提供几种常见的句群语段范式。

例谈一　方位式语段

【习作能力导学点】——学用方位词写句群

写游记、景物、状物的习作，老师指导学生运用方位词来组段，一个方位一个方位地描述，语段条理就会非常清楚。

1. 语段特点。

用表示方位的词语来衔接语段中记叙各方位的内容，能使语段前后内容显得连贯，层次很清楚。老师可要求学生用课外时间积累、归类表示方位的词语。

东西南北中　东北　西北　东南　西南

东北角　西北角　西南方　东南方

左边　右边　中间　左前方　右前方

里面　外面　里边　外边　上边　下边

上面　下面　左侧　右侧　前边　后面

2. 练笔设计。

预先布置学生观察校园、小区、自己家的任务，用任意一组方位词，准确记叙：教室一角、走廊一角、图书馆一角、小区花坛、书房一角、阳台等等。

3. 练笔目标。

通过练笔，培养学生正确、熟练地运用各种方位词语的意识，培养用方位词有条理地写好语段的能力。

4. 练笔导航。

（1）选择写作对象很重要，一角的范围多大要明确，就像野外画画一样，用一个取景框确定"这一角"的写作内容。

（2）要按一定的方位顺序写，比如：从左到右，或者从右到左，或者先中间后左右；一般是从大方位写到小方位，把某个方位的内容写清楚了，再写另一个方位的内容。

（3）不要平均使用笔墨，要安排或选定某个方位作重点叙述。各个方位可写的内容不要面面俱到，哪个方位的景物最突出，最感兴趣，最值得写，就要记叙详细些，其余可略写。

（4）真实表达你对这一角景物的情感。

5. 练笔展示。

我走近小区东门，一层楼高的大红的"春"字，映入眼帘。望着立体的"春"字，我觉得它立在门口右侧，好像向人们拜年问好呀！我看到"春"字的四周摆着三层不同的盆花，最上面摆着像火焰般的一品红，中间一层是艳丽的杜鹃花，好像一团团火在燃烧，最下面一层是完全不同风格的蝴蝶花。我俯身细瞧，它长着三片黄花瓣，左一片，右一片，下边一片，花瓣中间夹杂着紫色，真像一只只蝴蝶在花丛中跳迎春舞！

——五年级　许晓亮

读这段话，我们发现用方位词组段效果非常好，小作者思路非常清晰：

从大方位"东门"写起，而后写小方位"门口右侧"的立体的"春"字，再写"春"字四周摆放的三层盆花；又从"最上面"写到"最下面"，写下边一盆蝴蝶花用范围最小的方位词"左""右""下"，介绍了蝴蝶花的三片花瓣，显得很有条有理。

6. 特殊方法表达方位。

老师还要让学生知道，可以用某个物体作为表达方位的依据。比如：

大的方位——如：五一广场南面、人民会堂左侧、杨桥图书馆北门、左海公园旁边。

小的方位——如：书橱旁、桌子下、抽屉里、窗户旁边、大门右边、升旗台后面。

更小方位——如：笔盒里、台灯下、挂历左边、书桌右角、粉笔盒里、垃圾桶旁等。

请看一位学生的练笔片段——

我吃完晚饭，坐在客厅沙发上稍事休息，看到玻璃茶几上，放着一张今天的报纸，拿起来看到第二版报纸右上角登着一则篮球比赛的消息，就默读起来。一会儿，我想到今晚家庭作业比较多，立马朝书房里走去，打开书桌左边的台灯，准备写作业。我坐在藤椅上，从书包里取出语文课作业纸，翻开笔盒，取出水笔，埋头专心地抄写第三课新学的词语。

"哇，儿子，你今晚写作业好用心呀！"啊！我竟不知妈妈什么时候站在我身后看我写作业呢！

——四年级 周 阳

以上句子中加横线的"沙发上""茶几上""报纸右上角""书房里""书桌左边""藤椅上""书包里""身后"，都作为表示某个方位的依据，这样，具体方位的指向性就非常明确。

例谈二 总分式语段

【习作能力导学点】——学习用总分关系写句群

老师可以用简单而又易于操作的方法，让学生明白总分结构段的写作思路，指导学生练笔。

1. 语段特点。

小学语文课本中，常见总分式结构段，其最常见的特点是：

有的先写一个总述句，下文就围绕它进行分述。

有的围绕开头一个中心词，再写若干个分句。

有的围绕开头总述句写几个分句后，语段结束时，再写一个总结句。

总分关系的总述句，既可以设计在自然段落的开头，也可以安排在段落末尾。

2. 练笔设计。

老师事先采摘各种植物叶子，上课时，带到教室告知学生这节课要观察叶子写习作。接着，让学生先近距离观察，然后用总分关系构段方法，描写植物叶子。

3. 练笔目标。

培养运用常见的总分关系写语段的能力，培养学生能根据表达的需要，设计总述句，并围绕总述句、中心词写语段的意识。

4. 练笔导航。

刚开始训练，老师选用相应的总分关系的片段（可以从课外读物中选择，也可以从校友习作中选择），作为导航，通过范例，让学生明白何谓总分关系语段。操作流程如下——

（1）出示范例。

教室里鸦雀无声。同学们都静静地埋头进行语文第一单元考，我连呼吸都不敢大声，埋头熟练地写着答案。坐前排有个同学感冒了，忍不住咳了几声，那小小的咳嗽声音，也好像被扩音器放大了好几倍，听起来显得那么刺耳，又无可奈何。钱老师巡课时，为了不影响我们的考试，尽管放轻了脚步，但我还是可以听得见，也猜得出他行走的线路。

——五年级　林　荣

（2）解剖特点。

安排适当时间分析例段的特点。第一，这段话围绕考试时教室里安静来写，作者用"鸦雀无声"这个成语概括交代了考试时教室环境安静的特点。而后围绕总述句，写了三个分句：一是描写"我"如何"安静"专心考试；二是描写感冒同学的咳嗽声音，反衬此时教室的"安静"；三是写了钱老师巡课的脚步声，也是反衬"安静"。

（3）教给方法。

上课前，采摘各种形态不同、色彩各异的植物叶子，事先按不同色彩分成若干组，用绳子捆好。比如：按色彩组合——绿色的叶子捆在一起，紫色的叶子捆在一起，黄色的叶子捆在一起；再按形状组合——有边齿的扎在一起，无边齿的扎在一起，扇形的扎在一起，心形的扎在一起，带到课堂上备用。

（4）导写总述句。

我捧起杂乱的叶子，让学生讨论用一个词概括总印象。学生从两方面概括总印象——

一是形态印象：形态各异、形态多样、形态不一、各具形态、姿态不同。

二是色彩印象：五颜六色、色彩鲜艳、绚丽多彩、色彩艳丽、五彩缤纷、色彩斑斓。也有学生认为这个总述句可以兼顾色彩和形态。比如：植物叶子真是多姿多彩。

（板书——形态各异　丰富多彩）

（5）导写分述句。

要求学生围绕叶子"形态各异"进行思维编程，写三个分句；围绕叶子"绚丽多彩"进行思维编程，再写三个分句；形态、色彩两方面都兼顾的，包括总述句在内，至少要写8句体现总分关系的语段。

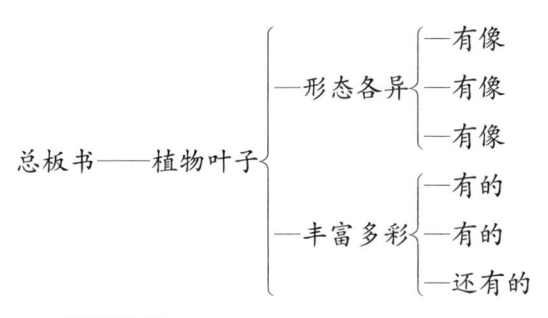

```
                        ┌─形态各异┬─有像
                        │        ├─有像
                        │        └─有像
总板书──植物叶子┤
                        │        ┌─有的
                        └─丰富多彩┼─有的
                                 └─还有的
```

5. 现场练笔。

接着，分组自由上讲台近距离观察叶子，随即回位写作。写作过程中，允许学生随时到讲台前近距离观察。

6. 练笔展示。

现场练笔后，点评、修改。下面展示描写叶子形态的片段——

上课时，钱老师不知从哪儿弄来了一堆姿态各异、色彩艳丽的植物叶子。钱老师问："谁愿意上来近距离观察？"我最快举手，老师示意我到讲台边观察，我边伸手翻看叶子，边回忆老师平时说的归类思维方法，我发现这些叶子姿态呈现着独特的美，引人注目：有像蒙古刀的叶子，有像小扇子的叶子，有像"心"字形的叶子，还有像呈椭圆形的叶子。它们色彩都那么艳丽，夺人眼球：有的红如霞，有的黄如金，有的翠如玉，还有的白如银啊，植物叶子真奇妙！

——五年级　刘　芝

这位学生叙述时，根据自己观察发现，进行思维整理，总述之后，并不拘泥于三个分句，各多写了一个分句，巧妙地用了"引人注目""夺人眼球"近义语，表达了内心的感受。

总分关系的总述句，既可以设计在自然段落的开头，也可以安排在段落结尾，请看学生课余自主练笔片段——

温泉公园里的树木有的高大，有的矮小；有的枝叶茂盛、郁郁葱葱，有的却小巧玲珑、羞羞涩涩。它们都有自己个性之美：有的身姿修长，有的身材挺秀，有的婀娜可人，有的婆婆迷人……这些树木真是形态不一，各显英姿，啊！这里的植物真像是美的大聚会！

——五年级　刘少怡

这段话是围绕段末"这些树木真是形态不一，各显英姿"展开写的，段落文脉条理很清楚。文末加了"啊！这里的植物真像是美的大聚会"感叹句，表达了内心感受，恰如其分地抒发了真切情感。

例谈三　并列式语段

【习作能力导学点】——学用并列关系写句群

并列式语段也是语文教材中常见的构段形式，老师要引导学生了解并列式语段的句式特点。

1. 语段特点。

并列式语段的句式，有如下几种常见的语用系列：

有……有……有	有时……有时……有时
有的……有的……有的	有些……有些……有些
时而……时而……时而	一会儿……一会儿……一会儿

运用并列形式来组段，一般写三到四个分句，几个分句之间，内容各自独立，又有内在联系。

2. 练笔设计。

请用任意一组并列的关联词语，围绕一个设定的意思写一段话，内容要集中，语意要连贯。

3. 练笔目标。

能正确熟练地使用表示并列的词语写并列式语段，培养学生用并列的方法把语段内容记叙具体、层次表达清楚的能力。

4. 练笔导航。

（1）并列式语段，既可以记叙活动的大场面，也可以记叙相对静止的小场面，可以描写特定景物，也可以描写摆设静物。

（2）进行语段并列句子编程时，虽然各分句意思可以并列，但是排列也必须讲究归类排列。老师可以这样打比方：好比卖鞋的鞋柜，可以并列摆放鞋子，怎么排列才方便于买卖双方呢？这是有学问的。比如，按性别摆放：

男人鞋，女人鞋；男人鞋，又可以按老人鞋，青年鞋，男童鞋；其中老人鞋又要再分：老人布鞋，老人雨鞋，老人运动鞋；老人布鞋，还要再分细，北京牌布鞋，上海牌布鞋，深圳牌布鞋。倘若不管三七二十一，把鞋子胡乱堆放，买卖都很不方便。让学生明白写作道理也一样，注意同类项合并，写起来就有条理。

5. 练笔展示。

学生根据练笔要求进行现场写作，这种练笔也可以让学生自己利用课余时间完成。请看一位学生的课余练笔片段——

游艇向前行驶着，一阵清风吹来，我看到荷池美景：荷叶有的随风飘荡在碧波上，转动着圆圆的身姿；有的挺立昂首，展示着潇洒的风采；有的刚钻出水面，卷着淡绿的嫩叶；有的荷叶上水珠随风滚动着，由小聚大，在晨光中，晶莹闪烁，越发亮丽。

荷花已经开了不少。有全开的，粉红色的花瓣向四面舒展开，白得似乎能透光；有半开的，水灵灵的花瓣朝向天空，好像合着手掌朝游人作揖；还有的是花骨朵，从荷叶中钻出来，胀得鼓鼓的，令人想象到"令箭"冲天。荷花姿态各异，这朵好看，那朵也美，让人目不暇接。游客们见了，都赞不绝口："好美，好美！"

——六年级　陈静雅

小作者回忆了暑假去杭州西湖乘游艇观赏荷花的情景。先写荷叶姿态美，再写何花姿态美。两个内容都用并列方法描写，前一段写荷叶用"有的、有的、有的"句式，描述荷叶的不同姿态，后一段写荷花用"有、有、还有"句式，描写荷花开放的不同状态，语句排列显得有条不紊。这就是并列式语段的好处。

例谈四 承接式语段

【习作能力导学点】——学用承接方式写句群

学生记叙事情过程，往往前后衔接不紧密，交代事情层次不清。一个简单的妙招，就是指导学生用如下表示承接次序的词语组织承接式语段，层次条理就会清楚。

1. 语段特点。

承接式方法组织语段，特点是描述做一件事情时，一步紧接一步，前后步骤非常紧凑。通常会使用如下表示次第的衔接性词语：

(1) 其一、其二、其三　　(4) 起先、接着、然后

(2) 第一、第二、第三　　(5) 起初、接着、后来、最后

(3) 首先、其次、最后　　(6) 开始、接着、紧接着、而后、结果

2. 练笔设计。

用这些词语来连接前后句子组成语段，可以这样出题做小练笔：

运用任意一组连接词语，写一个表现自己或别人完成一件事过程的语段，注意要围绕一个意思写，语意要完整，前后语句要连贯。

3. 练笔目标。

学习熟练使用连接词组织语段，培养应用连接词语有条理地把内容写清楚、写具体的组织语段的能力。

4. 练笔导航。

(1) 连接词语使用要得当，使用某一组连接词，组合语用要统一，比如：要根据事情过程长短，选择连接词组。过程长的选择以上第 5 组、第 6 组的连接词组段；过程短的可以选择以上 1、2、3、4 组的连接词组段。

(2) 写作前，老师要指导学生，把事情的前后过程在脑子里要先想清楚，再排序，最后才动笔写下来。

5. 练笔展示。

请看学生课余在家里练写的承接式语段——

我静静地坐在一旁,观察妈妈制作纸花的过程。妈妈先拿出一张粉红色的皱纹纸,把它剪成36个花瓣,接着用手指在花瓣的边缘轻轻地捏了几下,又用剪刀慢慢修剪,再用锥子细心地在上面钻了一个小洞。然后,把它们组成一朵宛如害羞姑娘的玫瑰花朵。而后用锯齿剪刀把绿色的皱纹纸剪出叶片的形状,最后,把剩下的纸折成刺状粘在被绿色纸包住的气球棒上。不一会儿,一朵酷似正在怒放的玫瑰花就在妈妈手中盛开了。

——五年级 柯小萌

小作者写了她观察妈妈制作一朵纸花的完整过程。作者用了"先、接着、再、然后、而后、最后"六个连接词,写了妈妈制作一朵纸花的过程,言之有序,明明白白,前后句子之间联系紧密,上下语意非常连贯,这是运用连接词组段的好处。

例谈五 递进式语段

【习作能力导学点】——学用递进方式写句群

递进式语段可以在叙事、写人、绘景、状物时,让意思产生递进变化。引导学生练写递进式语段,就会改变文章过于平铺直叙的毛病。

1. 语段特点。

老师要结合阅读教学,让学生了解内容层层推进呈渐进式语段的特点。这样的语段在表示语意递进层次的关系时,常用"最""更""尤其"或者"越……越"这样标志性的词语来表达:

最深刻的	更有趣的	意志越来越坚定	甚至
最好玩的	更惊奇的	气氛越来越紧张	尤其
最难忘的	更高兴的	比赛越来越激烈	格外
最惊讶的	更佩服的	习作越写越精彩	特别

2. 练笔设计。

写一段表示语意一层推进一层的话，用上"最""更""特别"或"越……越……"写一段表示层层递进的话。

3. 练笔目标。

通过练笔，能根据需要，正确理解并运用递进式的相应词语，写好递进式语段，培养构思递进式语段能力。

4. 练笔导航。

递进语段一般分两层，也有分三层的。分两层的，就是后一层意思比前一层深一步；分三层意思的，一层比一层更进一步，就是层层推进式。构思递进式语段，思维编程时，有意识地把内容趋于更深一层的语意安排在后面写，就可以了。递进式语段写作思路是：描述事物＋"更"或者＋"最"或者＋"越……越……"。

5. 练笔展示。

这种语段练习目标单一，学生容易选择写作材料。请看学生练笔例段——

六一游园开始了，我先去隔壁五（2）班排队，玩夹玻璃珠。很快轮到我了，活动志愿者递给我一双筷子，我拿着筷子，眼睛盯着装着清水的脸盆里各种各样的玻璃珠，刚夹住一个，可是玻璃珠又圆又滑，没有夹起来，我就去玩别的项目了。我到五（3）班玩了"蒙眼贴鼻子"，到六（1）班玩了吹气球，各有各的趣味。

<u>最好玩的</u>是五（5）的钓鱼，阵阵的欢叫声吸引我走进五（5）班。我排队时，老想：快点轮到我。终于轮到我了，我握着钓鱼竿，紧盯着躺在"池"里那厚纸板剪成的"鱼"，我尽量稳住钓竿，看准了一只大"鱼"，勾住贴在"鱼"背上的环，快速一提，钓着一只"鱼"——真是愿者上钩！"好！好！"旁边同学给我加油。两分钟，我钓了三只"鱼"，得到了一粒牛奶糖，好得意……

——六年级 张 宇

这个片段写了六一节游园活动，作者玩了"夹玻璃珠""蒙眼贴鼻子""吹气球"几个项目，觉得它们"各有各的趣味"，然后重点写钓"鱼"，以"最好玩的"做过渡语，体现了语段递进的意思。

例谈六 叙议式语段

【习作能力导学点】——学用叙议方式写句群

写人、叙事、状物、绘景的文章中，有时要表达作者的内心情感或表示鲜明的态度，诉说感受：或赞成，或反对；要么喜爱，要么厌恶。适当的议论会增强文章表现力。从部编的语文新教材中可以发现，选文隐含着语段行文构思方法：有时先议论后叙述，有时先叙述后议论，有时边叙述边议论。

写一段包含叙述和议论内容的话，表达你内心的感受，既可以写做后议论、听后议论，也可以写看后议论。

（一）写做后议论

1. 语段特点。

叙议式语段中的"叙"与"议"的关系特点是：议论是对人、事、物、景发表自己的认识、感受、看法；叙述是议论的基础，议论是叙述的提升。叙述是织锦，议论是"添花"，是点睛之笔；叙述文句相对多，议论要简洁；"锦"要织好，才能在"锦上添花"。

2. 练笔设计。

回忆做过的一件事的某个片段，或者现场要求学生做一件事，让学生记叙事情过程，然后写几句感受、收获或感悟。

3. 练笔目标。

学习把做某件事的片段，在记叙具体、明白的基础上，经过深思用几句精练的话，表达自己做这件事后真实的体验、收获、启迪，培养简单、准确的评判分析能力，使习作表达具有一定的深度。

4. 练笔导航。

（1）思路点拨：描述事情＋过渡词语＋议论。

（2）事情与议论之间，过渡词语，有时用"心想"或者"心想"的近义词，有时可不用。

（3）议论的方式可以直抒内心感受，也可以引用名言警句来佐证，还可以用第一人称的说话形式说出感悟。

（4）构思叙议语段时，老师引导学生注意三点：一是理解好叙述与议论的关系——叙述是"画龙"，要画具体、生动，这是基础。议论是妙笔"点睛"，是提炼。二要"点"得准确，眼睛才会活，才会亮。三要言简意赅，议论，不能多而杂，"点准""点亮"即止。

5. 练笔展示。

我握着水笔在方格纸上，以最端正的态度，细心地写了一笔"横"，抬头对照老师写在黑板上的"横"，觉得比以往有进步，写得比较像样了。接着，我又写了一笔横，起笔、略向右上行笔、收笔，这回写得更细心、更规矩了，就这样一连写了十个"横"画。

我抬头看看周围同学，我的同桌还在埋头写，我右边的同学在打钩。我按老师的要求，用红笔给自己写的最满意的"横"打了七个钩。我很得意，仅仅几分钟，我写的横画就规矩了，心想：看来确实是思想端正了，笔就听话了。写字是这样，做其他事情不也是这样吗？

——五年级　周　炜

"思考是学习之母。"周炜同学记叙了他按老师的要求，一丝不苟地练写最简单的笔画——"横"，自己觉得有进步。经过思考，就练写笔画这件事进行议论："看来确实是思想端正了，笔就听话了。"应当说，这句议论是作者真实的体会，写得很实在，也很有道理。最后用反问句，表达作者通过书写实践，认识到"做其他事情同样需要用心、认真"，提升了对生活实践的认识。

老师要注意引导学生处理好"叙"和"议"的关系，议论的话要简洁、深刻、有理、有据，才能引起读者共鸣，才能启人心智。

（二）写听后议论

有时，高年级学生听到身边人们谈论一些话题，心里会有所感触、有所体悟；或者与爸爸妈妈谈话沟通时，会有感悟、警觉；或者听到老师的一番话，会触发思考、得到启迪。老师启发学生把听到谈话后的内心触发的感受、顿悟写下来，就是听后的议论，这样的议论句子往往是出自心灵深处的真实想法。老师要设计叙议式语段练笔，让学生把想法及时写下来。

1. 语段特点。

听后议论的语段，有几种情况：一种是作者听到别人表扬或批评他（她）后，有所感受；另一种是作者听到的谈话是针对集体讲的，他（她）听后也受到教育，有所收获；还有一种是在社会上公众场合听到，心灵有所警示，也会有所启迪。这就是听后议论语段的特点：既要写所听的内容，又有写听后思考议论的内容。

2. 练笔设计。

老师让学生仔细回忆某一次老师在班上的专题谈话内容，或者找你沟通交流的内容；也可以现场对同学们说几句励志性的话，要求学生把谈话内容记叙下来，再写几句听后的真切感受。

3. 练笔目标。

培养注意倾听别人讲话的习惯，引导学生思考、分析、提炼，提高学生写听后议论的能力。

4. 练笔导航。

（1）思路点拨：记叙说话内容＋过渡词语＋听后感悟。

（2）记叙说话内容，可以引用原话，也可以概述大意，不必每言必录，要有所选择。

（3）注意"过渡语"要有变化，根据语境选择不同的"过渡语"。

5. 练笔展示。

钱老师也有严厉的时候。一天放学后，他把我叫到办公室，谈了许多话，先肯定我的优点，然后严肃地批评说："最近，你学习不够用心，书写有点马虎，完全是'骄傲'二字在作怪！"我静静地听着，不好意思正眼看钱老师。最后，他说："好好反思一下，再想想'虚心使人进步，骄傲使人落后'的意思吧。"老师的声音虽不大，可是就像给我敲了警钟。此时，百感袭来：我难过，我后悔，内疚，自责……是的，<u>骄傲是学习的敌人，我不打败它，它就打败我；学习如赛跑，稍一松劲，就会落后！</u>

——五年级 黄鹃

小作者先写了听到老师的批评，接着以"老师的声音虽然不大，可是就像给我敲响了警钟，此时，百感袭来"做过渡，再有感而发，既写了她听批评时内心复杂的感受，还写了她从老师的话语中得到的启迪（如文中加横线的话）。

（三）写看后议论

叙议式语段，还包括"看后议论"语段。
1. 语段特点。
看后议论，顾名思义就是"看"后，进行适当的议论，表达"看"后的思考、看法。"看"的内容非常广泛：看一个场景，看一件物品，看一个人做的事，看一篇文章，看一本书，看电视新闻，看某部电影。而后，写几句感言，表达看法，发表议论。这样的议论言简而意深，耐人寻味。
2. 练笔设计。
写一段你看后议论的话，可以写你看见一个场景后的感受，也可以写看童书或看儿童电影后的感想，注意议论的语句要简洁、实在。
3. 练笔目标。
培养边观察边思考的能力，养成边观察边思考的习惯，培养分析事物、认识事物的能力，提高写听后议论语段的能力。
4. 练笔导航。
思路点拨——记叙所见的人、事、景、物（或概述文章内容）＋过渡语＋议论。
写法点拨——记叙所见的人、事、景、物，要写清楚，这是议论的基础；而后通过分析、思考、提炼，找准议论点。
选材点拨——写叙议式语段句群，是一种速写练笔，选取的是"人、事、景、物"的一个横截面，材料不要求"大而全"；看后议论的"看"，材料很广泛。启发学生打开思路，讨论"看"的材料，然后用下图板书展示——

板书——

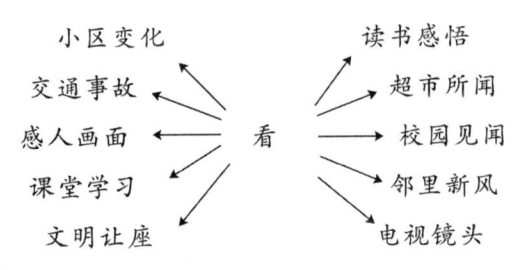

```
        小区变化            读书感悟
      交通事故  ↖  ↗  超市所闻
      感人画面  ←  看  →  校园见闻
      课堂学习  ↙  ↘  邻里新风
        文明让座            电视镜头
```

5. 练笔展示。

打开学生写"看"的素材思路，学生思想开放了，视野开阔了。学生写语段的内容丰富多彩，又因为所写篇幅不长，不必为字数不够发愁，所以多数学生没有"压力山大"，没有精神负担，训练效果特棒。请看练笔展示——

周日的早上，爸爸和我一起去我市乌山风景区玩。在望远台，我看到怪石嶙峋中长着许多不知名的树木，有的参天挺拔，有的高大粗壮。

我朝前走几步，看到其中一棵矮一点的树，居然从石缝中穿石而出，树根竟沿着岩石的缝隙往下生长，深深地钻入山体土壤中，石缝底部还伸出大大小小的根须，无数根须向四周铺展开来。爸爸说："别小看那些细根须，正是它们时刻都在汲取土壤中的养分和水分，树才得以生长。"我抬头仰望，树冠遮天蔽日。望着眼前这挺立岩石中的大树，想到<u>树木为了生存，需要多么强大的"挤劲"和"钻劲"，植物的生命力真顽强啊</u>！

——六年级　陈　奇

这段看景区挺立在岩石中的树木，引发的议论"树木为了生存，需要多么强大的'挤劲'和'钻劲'，植物的生命力真顽强啊"准确、简洁、明了，恰到好处，引人深思！

老师适时引导学生训练叙议式语段，学生在写人、记事、绘景、状物时，心动辞发，笔下生情，几句议论往往一语点睛，令习作平添韵意。

例谈七　综合式语段

【习作能力导学点】——学用综合方式写句群

人们听到话语后，心里一般会有各种想法，然后跟着就有行动；或者是眼里看到后，心有所动，而后就会说给别人听；或者做了某件事后，告诉别人你心里所想，接着就有所行动。这样，把"听、想、看、说、做"串联起来写一段话，会很连贯。这样语段就称为综合式语段，就是把耳听、口说、眼看、手做、心想这几个方面轮换、穿插着写，也能把语段写得有内容，且有条理。它们根据表达的需要，可以任意组合。

1. 语段特点。

语段句群集合方式是动态化的，行文应当是灵活的，要因题而异、因文而异、因需而异，可以有范式。为了避免产生机械模式化语段，很有必要进行综合式语段训练。综合式语段特点是：句群组合一般含有"听、看、说、做、想"的内容。其排列语序非常灵活：

有时——看、做、想、听、说　　有时——想、听、看、说

有时——说、想、听、看、做　　有时——听、想、做、看

有时——做、听、想、看、说　　有时——说、做、想

2. 练笔设计。

围绕一个意思，写一段含有"听、看、说、做、想"的话，内容自由选择，至少含有其中任意三个内容，且要有所侧重。

3. 练笔目标。

能够自主确定语段写作主题，然后围绕这一主题写好包含"听、看、说、做、想"的内容；训练写好综合语段的能力。

4. 练笔导航。

思路点拨——行文有多种多样思路。如：或含有五个内容——听＋看＋想＋说＋做（顺序还可以因文而变化，下同）。或含有四个内容——说＋想＋

做＋听＋看。或含有三个内容——听＋想＋做等等。

方法点拨——依题目，无论写哪几项内容，都不要平均使用笔墨，而要有所侧重。

选材点拨——要选择最常见的、最熟悉的确实含有"听、说、看、做、想"中占三项的材料写语段，不能认为写语段是练笔，选材可以随意、不讲究。

5. 练笔展示。

请看学生练写的含有"听、想、看、说、做"的例段——

昨天下午放学时，钱老师对我说："晓旭，你到我办公室来一下。"我心想：咦？什么事？要挨批评吗？我今天可没有……我忐忑不安地朝办公室走去，到钱老师办公桌前站定，等老师来。一会儿，钱老师来了，他微笑着递过我的日记本，并送我一张空白的卡片："晓旭，你昨晚日记中有一段话写得很棒。老师请你把这段话认真地抄在这张卡片上，明天上课要用。"我紧张的心情一下子平静下来："行！"我立刻坐下，握着水笔，翻开老师做记号的那一页，就开心地低头抄写起来……

——五年级　陈晓旭

小作者写了"说、想、做、看、听、说、做"，一句连一句，像一串冰糖葫芦，句与句之间连接非常紧凑。

这种指定内容的语段小练笔，可以为单元习作做思维热身准备。老师要放手让学生多"下水游泳"实践，自由选择内容，自主选择段落结构形式，训练组织语段的能力。

语段训练应当是色香味俱全的营养盛宴。语段训练是小练笔，是微习作。语段虽短，习作基本要素俱全。习作前要做足语段微习作功夫，为各单元习作打好基础，要做足书面语言思维热身操。训练学生把语段句群写顺畅明白，可以为写好成篇习作打好基本功。一篇习作有一两个重点语段写得精彩，全篇也容易写成功。

第六讲　叙述具体新妙招
——言之有物巧办法

在习作教学实践中，常常发现学生在记事、写人、状物、绘景时，言之空洞。写人，不会让读者如见其人；写事，不会让读者如历其事；状物，不会让读者如睹其物；写景，不会让读者如临其境。这让老师挺头疼的。言之有物就是要写"具体"：看得见，摸得着，听得到。不同文体，在内容具体方面的要求与指导的方法也略有不同。习作训练和评价都必须重视内容言之有物。

写具体的方法很多，这里给一线老师提供几种最常用、最有效的方法：现场演示法，镜头组合法，运用数字法，孔雀开屏法，细节描写法。

例谈一　现场演示法

【习作能力导学点】——指导学生写具体

我常设计现场情景演示，引导学生写出具体"怎么做""怎么样"或者"怎么想"。在以写人为主要内容的习作中，老师要下工夫指导学生把人物行为动作描写具体，让读者如见其人。

（一）老师演示，现场写

老师演示慢动作，训练写具体。这是我常用的创意妙招之一。演示法是最有效的方法，一是因为老师为学生创造现场写作材料，学生现场观察所得信息丰富，学生现场有话可写；二是因为老师现场指导，用文字"配音"，重现生活画面，降低了写作难度，学生更易于表达，更乐于表达。既可以老师现场演示预设的场景，也可以学生演示，还可以师生合作演示。流程是：先看演示，后略点拨，再行"速写"。

老师表演的内容或形式，要简单，让学生易于观察、理解、表达。请看为高年级学生表演的变平衡魔术后，学生写的片段——

钱老师要变平衡小魔术啦！全班同学都很好奇、很激动，两眼紧盯着钱老师双手的一举一动，想看穿钱老师的小把戏。只见钱老师向左边迈了一大步，伸出左手，从小桌子上找到一张白纸，举起来向大家展示简单的道具，就开始表演了。

第一步，他把一张百元人民币大小的白纸，平铺在桌面上对折再对折。第二步，他把纸条架在左右手的大拇指的指肚上，用食指捏紧。第三步，他朝左手大拇指轻轻地吹了一口气，然后慢慢地移开左手大拇指，咦？奇迹发生了：那张严重失去平衡的纸条，居然平稳地停在右手大拇指上！第四步，他如法炮制，这回让纸条稳稳地停在右手大拇指上，表演成功！许多同学发出同样的疑问：咦，这是怎么做到的呀？

我回忆着老师表演的过程，百思不得其解：难道吹一口气，真有那么大的魔力？肯定有秘密的手法！我知道魔术都是假的，但是表演之前，要反复练习是真的，它给我们带来娱乐，也是真的。

——五年级　章秀红

老师一步一步表演慢动作，如果还没有看清楚，老师可以重新再表演一次。因为学生对老师的表演很好奇，所以看得特别专注、看得特别仔细，所以印象也特别深刻，就比较容易写得有条有理，内容也比较具体。要注意的是，中高年级难易度要有区分。

（二）学生演示，现场写

老师要组织学生参与表演。各个教学班都有有特长的学生，喜爱唱歌的、擅长画画的、喜欢朗诵的等等，老师请这些特长生上台表演，稍作点拨，让学生现场"速写"下来。请看学生写同伴现场朗诵儿童诗的片段——

"现在，请我们班朗诵能手——李莹同学为大家朗诵一首儿童诗。"学习委员宣布。

李莹同学走上台，大方地说："我朗诵的是选自《美丽的童心》中一首《春天在哪里》。"她回头望了一眼课前抄在黑板中央的这首儿童诗，朗诵起来：

"春天在哪里？

——河边的垂柳说：在我的辫梢上。

——院里的桃花说：在我的笑脸上。

——树林里的小黄莺说：在我充满希望的歌声里。

——花丛中的小蜜蜂说：在我日夜酿造的甜蜜里。

我不用问，也不用去寻找，春天就在我心里。"

大家静静地听着，李莹同学富有情感的朗读声音在教室里回荡着。她朗诵完，老师带头鼓掌，"啪啪啪"同学们热烈呼应。李莹同学向大家鞠了个躬，平静地回到自己的座位上坐好。她朗诵得真好！我好羡慕，禁不住朝李莹同学瞧了一眼，她回给我甜美的微笑。

——五年级　周　红

学生演示，不用排练，呼之即来，来之能演，演之即写。这样的演示，既让特长学生展示才华，又给学生创设了现场生活画面，提供了语言训练的素材，还培养了学生观察能力。这是我常用的导写具体的训练方法。

（三）师生同演，现场写

有时，可以师生同演。课前适当做些准备，比如：设计台词、场景、动作等等，尽量做到演示自然、逼真、有趣。请看一次师生同演的教学。

1. 练笔设计。

演示内容——模仿熟悉的动物叫声。演示形式——学生自由报名，自主商量模仿哪种动物叫声。

2. 练笔目标。

（1）会使用象声词，会用不同的标点表现象声词不同的停顿、组合、节奏。

（2）引导学生观察，围绕一个内容，把现场演示过程写具体。

3. 练笔导航。

象声词组合点拨——老师要引导学生学习象声词组合的格式，学习相同的象声词组合，用不同的标点，区别不同的停顿长短、节奏快慢、语气强弱、叫声大小。如：

喵、喵喵、喵喵喵——

喵，喵喵，喵！喵喵喵……

汪，汪汪汪，汪汪汪！

汪！汪汪！汪汪汪，汪！

写法点拨——描述内容兼顾点面结合。

思路点拨——交代事由→表演1→表演2→表演3→感受

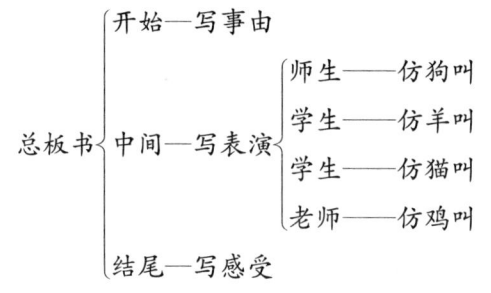

总板书｛开始—写事由／中间—写表演｛师生——仿狗叫／学生——仿羊叫／学生——仿猫叫／老师——仿鸡叫｝／结尾—写感受｝

【练笔展示】

学生现场练写思路清晰，思维连贯，精神集中，效果良好。请看学生练笔——

我们总猜不着钱老师自创的语言速写练笔课，上什么新内容。今天，钱老师来了雅兴，让我们学习使用象声词，模仿熟悉的动物叫声。我、林堂民、张红和郭莹自告奋勇上台自由表演。

我模仿小狗边围着老师转，边叫："汪汪，汪，汪汪汪！"没想到钱老师突然模仿大狗"汪！"的一声吼叫，我吓得跑回了座位，耳边传来了阵阵欢叫声。钱老师假装扑咬我，双手五指蜷曲着，连声吼叫："汪汪汪！""哈哈哈……"同学们无拘无束地笑着！

轮到林堂民同学表演，他捏着鼻子模仿羊叫："咩，咩咩咩，咩！"这么一来，教室里像羊圈，传来阵阵羊叫声音："咩咩——，咩，咩咩——"

同学们乐得似乎忘记了这是课堂，有同学"咚咚"地敲起桌子来伴奏。钱老师在一旁看我们精彩"演出"，抿嘴乐着呢。

最后,张红和郭莹一起表演猫叫。张红先叫:"喵喵。"郭莹望着她,柔美地叫了一声:"喵——"我觉得郭莹演得像猫妈妈。钱老师又出马了,他展开双臂拍打两侧大腿,伸长脖子,张大嘴巴:"喔喔喔——"啊!他演的是公鸡打鸣呢。钱老师像个老顽童!教室里立刻传来母鸡叫声:"咯咯哒,咯咯哒……"

此刻,教室里像游乐场,笑声、叫声、掌声响成一片,笑声中,我们感受到象声词的妙用。啊,这样的课堂真的能让我们放飞童心!

——五年级 林 琴

寓教于乐。玩中学,学象声词用法;学中玩,让学生乐此不疲。读这篇现场习作,勾起笔者的回忆,当时有位同学乐得一屁股坐到地上。许多同学戏说:"这简直像课外游乐场!"

这正是著名特级于永正老师提倡的"让学生着迷的课堂"。这样的习作练笔课堂充满童趣,学生喜闻乐见。语文老师需要时,可放下身段,和同学们一同创造快乐的学习生活,这不仅创造写作素材,引导学生写具体,还会拉近师生间心理距离,增进师生情感。

例谈二 镜头组合法

【习作能力导学点】——学习用分镜头组合法写具体

记事、写人、绘景、活动、游记,有几种情况:有时活动在同一个地方完成;有时活动在不同地点完成;有时几个人做事会在几个地方;有时在同一个时间、同一个地点,三三两两人物,做不同的事情或者做相同的事情……写习作时,老师指导学生采取分镜头叙述,就能从不同角度,把面上的情景写具体。请看下面练笔片段——

晨读时,同学们陆续来到教室了。老师还没来,可是谁都在忙着。(1)我和同桌陈晓彤同学正在订正昨天的语文家庭作业。(2)前排几个同学围在一起热烈地探究一道数学应用题解法,传来激烈的争论:

"我同意这种解法。"

"我不同意!"

(3) "哈哈哈"我耳边不时传来欢乐的笑声。原来我左边五六位班干部正在讨论本期黑板报内容,似乎在讨论要办一期迎接六一节的板报,说到写一则笑话时,大家情不自禁笑出声来。

——六年级　郑小荣

这是同一地点的不同镜头组合:时间——晨读时,地点——教室里,人物——同学们,事情——都在忙着。

总镜头:谁都在忙 { 分镜头1—订正:我和陈晓彤订正语文家庭作业。
分镜头2—探究:前排几位同学研究应用题解法。
分镜头3—讨论:左边班干部在讨论黑板报内容。

从以上三个分镜头内容可以看出:早晨,老师没来时,先到教室里的同学都在忙着,分别在做着该做的事——订正家庭作业、研究应用题解法、讨论黑板报内容。具体说明这个班的学生很珍惜时间。

围绕一个特定的内容,拍摄(记叙)分镜头,再组合起来,就可以反映面上的情景,镜头组合也是写具体的一个好方法。

例谈三　运用数字法

【习作能力导学点】——学习运用数字表达具体

语文教材中,有些课文含有许多数字的语段,就是写具体的范例。老师教学时,要引导学生学习用数字记叙具体。下面这段话,作者就用数字记叙家里的藏书数量——

我和爸爸妈妈都爱看书、买书、藏书。不知我爸爸妈妈从什么时候开始买书、藏书。我只觉得家里的书越来越多,它们分别摆在书房里的三个书橱里。一天,爸爸提议:整理书橱。我和妈妈都同意。经过半天整理,爸爸的书最多,他数了数共308本,摆在最大的书橱里,三层都摆满了;妈妈的书将近200本，占一个橱子；我的书也有100多本，放在一个小书橱里。我估算一下总共藏书650多本书。

前天，我爸爸说，还要再买一个大书橱呢！我想：以后，我家的藏书会越来越多！

——四年级　陈　辰

小作者在记叙家里图书一角时，运用了数字法，交代了几个书橱，每个书橱有多少层。爸爸、妈妈、我各有多少本藏书，从而具体地说明作者一家人"都爱看书、买书、藏书"，叙述得井井有条，内容非常具体，读者一目了然。

例谈四　孔雀开屏法

【习作能力导学点】——学把内容展开写具体

折扇只有全部展开，才能扇出风来；卷轴只有完全打开，才能看到书画的整体内容。写习作就像孔雀只有开屏才看得清楚，才会更好看。老师要指导学生把习作内容展开来写，才能把话说具体、明白。

（一）借孔雀开屏，导写具体

电脑展示孔雀开屏的视屏，请学生说说视屏中孔雀开屏的情景，或者请在动物园现场见过孔雀开屏的学生描述孔雀如何开屏。学生谈到孔雀开屏最重要的特点：

生：参观动物园时，正朝孔雀园走去，听到人们惊叫声："孔雀开屏啦，孔雀开屏啦！"我赶紧跑过去，看到花孔雀正在抖动尾

翎，发出沙沙声音，非常吸引游人的眼球。

生：孔雀开屏时，尾翎先竖起来，然后两旁边的翎羽慢慢展开、展开，直至最大，羽翎展开成半圆形时，最漂亮，最夺人眼球。

生：尾翎展开最大时，尾翎上许许多多的"眼"闪着五颜六色的光，这时，孔雀抬头转来转去，在园子里慢悠悠地踱着小步，朝游人展示闪亮的羽翎"眼"，好像向人们炫耀美丽的羽衣。

师：孔雀尾翎全部展开时最漂亮，看得最清楚。习作也是这样，要把内容一层层展开来，读者才能明了。

通过谈话，老师借图片说孔雀开屏的特点，让学生形象、具体地理解孔雀开屏法的意思：习作时，围绕一个意思，用若干个描述性的句子，像孔雀开屏一样一层一层，逐一展开，直至描写得具体、明白，读者才能看清楚。

（二）设计练笔，导写具体

写具体单靠讲不行，一定要讲与练结合。老师必须设计把内容展开写具体的专项练笔。在此展示几种我设计的导写具体的简单小练笔，供一线老师教学参考。

1. 请回忆跳高的过程内容表达具体：

思路提示——起跑→助跑→起跳→纵身→摆腿→过杆→落地

2. 请把洗袜子的过程描述具体：

思路提示——放水→浸泡→抹肥皂→揉搓→清洗→拧干→晾晒

3. 请把做值日生，扫地、清理垃圾过程描写具体

思路提示——翻椅子→清抽屉→扫地面→拿畚斗→拢垃圾→倒垃圾

下面是其中一次导学写具体的课堂教学回放。

【教学回放】

1. 练笔目标。

（1）现场观察同班同学，学习抓准同学某一方面特点（性格、外貌等）。

（2）围绕人物某一特点展开写具体。

2. 练笔设计。

老师请班上一位性格特别的学生，上讲台当一次相对静态的"模特"，要求学生现场观察后写习作，注意写出主要特点。

3. 练笔导航。

抓住特点——注意观察人物第一印象特点，围绕某个特点写准确、写具体；观察体态动作，注意细节特点。

思路提示——抓住特点——→面部神态——→典型动作——→人物语言

4. 练笔展示。

因为写作对象"模特"是同班同学，非常熟悉，加上现场有意观察，现场"素描"速写，所以人物特点抓得准确，内容写得具体，练笔效果颇佳。请看本次写具体的一则练笔：

腼腆的柯杰翔
赵晓珍

（1）刚上课，钱老师突然说："柯杰翔同学，请你来到讲台前一下。"（2）他听了，抬起头，先是不自然地望了老师一眼，微微张着嘴巴。（3）然后，他离开座位，不安地来到讲台中间，双手按着讲台，一脸茫茫然，腼腆地站着。（4）他好不自在，不敢直视大家，一会儿低头望着讲台面，一会儿双手来回揉搓着，一会儿侧过脸似笑非笑地瞧瞧钱老师，稍稍张着嘴巴，欲言又止。（5）见钱老师没有说话，他伸出左手挠挠后脑勺，右手捏捏下巴，半天才挤出一个字："我——"。（6）他伸伸舌头，莫名其妙地"扑哧"一声笑了，右手立刻捂住嘴巴，不知所措地瞅瞅钱老师，好像在乞求：老师，快让我回座位吧！

（7）我望着他憨态无辜的样子，真替他着急！（8）这时，我还听到同学们的耳语声……

这个语段句群共八句话，一句紧接一句，一句牵着一句，前后句意思紧紧相联。可以用扇子展开的样子来示意。如图——

从扇形图中，我们可以看出小作者围绕柯杰翔同学"腼腆"这一特点，第1句交代事由；从第2句到第7句，把柯杰翔同学在讲台中间的神态和动作，交集在一起展开描写，第8句写其他同学的反应。（注：此图如不用，以上叙述语言要略变化）

这样的这扇形板书设计，从左至右一句连一句，展开、展开、再展开，逐步展示至最大，学生非常直观、形象地理解如何展开写具体。

4. 互动微评。

生：作者写了柯杰翔上讲台时的状态：不自然、微微张嘴、不安、一脸茫茫然、腼腆地站着、好不自在，这些词语写得很像柯杰翔的神情特点。

生：还有，不敢直视、似笑非笑、欲言又止、莫名其妙、不知所措，这些词语表现了柯杰翔"腼腆"的个性特点。

师：请晓珍同学说说"憨态无辜"这个词，从哪儿学来的？

晓珍：我在《特区少年》一文中看到的，我觉得柯杰翔同学很憨厚，就用上了。

师："憨态无辜"用得准。从课外读物中汲取营养很重要。刚才同学谈到的共同点是——

生：（接）神态描写。

（板书——描写神态）

接着，老师引导学生评议这段话中的人物动作描写。

有的说，柯杰翔同学"按着"讲台，来回"揉搓"着，伸手"挠挠"后脑勺，"捏捏"下巴，"捂住"嘴巴，这是手部动作描写；有的说，他双手动作幅度都不大，但是都没停止，都在变化；有的说，"侧过"脸，"稍稍"张嘴巴，这是脸部动作描写。

老师小结：这些描写，真实地再现了柯杰翔站在讲台那一刻，拘谨的体态形象，表现了柯杰翔同学"腼腆"的特点。

（板书——描写动作）

老师还要引导学生欣赏作者遣词造句的好处。讨论中，大家发现这一段话中还有如下值得学习的地方——

善用形容的双音叠词——微微、茫茫、稍稍；还善用动词的双音叠词——瞧瞧、瞅瞅、挠挠、捏捏、伸伸。这些叠词富有变化，看似随意，却恰到好处地表现柯杰翔同学的"腼腆"，准确、得体、逼真。

语段人物语言描写——只有一个不成句的"我——"，妙就妙在这个"我"字还是"挤"出来的，这个"挤"字藏着许多潜台词，让读者产生诸多联想，思考言外之意，让读者觉得柯杰翔同学因为性格腼腆，所以"不善言谈"，连说一个"我"字，还是硬"挤"出来的，他"想问不敢问，想说没胆量说"，正是性格"腼腆"的具体表现。

最后一句话，也绝非闲笔——同学们耳语什么，可想而知，不写出来，留给读者更多想象空间。

这样通过学生"模特"亮相→现场观察"模特"→现场导写→现场素描现场点评，组成一系列教与学的活动"系统链"，学生很容易实践写具体的方法。老师们读了这样的练笔语段，是不是觉得，用班级特点突出的学生当练笔"模特"，引导学生素描写具体，是事半功倍的好方法呢？

例谈五　细节描写法

【习作能力导学点】——导学描写细节

写具体不等于写细节，但是写好细节，内容一定是具体的。习作要写具体离不开细节描写，一个细节胜过一堆空话。

（一）说故事，谈细节

我在教学生涯中讲过不少写作细节的例子，比如：讲《书卷三尺不见

"驴"字》，引导学生写习作时，不能啰唆；讲《汤显祖失踪》，用以启迪学生写习作时必须动真感情的等等，其中留给学生印象最深的是《吃芝麻粒》的细节——

饮食店里来了一位客人，他四处张望着，找到一张靠边又无食客的四方桌坐下，点了一碗豆浆，两块芝麻饼。他咬一口芝麻饼，喝一口豆浆，不久把一块芝麻饼吃完了。

他又喝了一口豆浆，舔了舔嘴，伸手刚拿起另一块芝麻饼时，芝麻饼"啪"的一声掉到桌面上了，他喃喃自语："倒霉，倒霉！"原来饼表面的芝麻粒撒在桌子上，他向四周瞧瞧，没人注意他，就伸出右食指蘸了蘸豆浆，贴到桌面小芝麻粒上，立刻伸出舌头把芝麻舔到嘴里了，巴咂几下嘴唇，回味着芝麻的味道。

忽然，他看到有几粒芝麻掉到桌面缝隙里了，怎么办呢？他一边斜眼看看有没有食客注意他，一边伸手到桌子下面，用力向上一敲，"咚"的一声，缝隙里的几粒芝麻蹦出来，落到桌面上了。突然的响声惊动了周围的食客，他们都朝他这边行注目礼。他呢，装作若无其事，喝着豆浆，望着食客眯眯笑，见食客不再看他了，眼睛又盯住那几粒芝麻，慢慢伸出右食指粘住芝麻，迅速地伸出舌尖舔进嘴里，又继续品尝剩下的芝麻饼……

讲完这个段子，老师启发学生讨论细节。学生发现这个故事中，写了如下细节——

食客向四周瞧瞧；伸手敲桌子；眼睛盯芝麻；食指粘芝麻；舌尖舔芝麻。
通过讨论，学生明白刻画眼神和动作细节，可以表现人物内心的特点。

（二）细节思路点拨

写人物嘴角在颤抖的细节，说明此人说话很激动；写人物说话时，手不时抓抓衣角的细节，说明此人很拘谨；写值日生把黑板连一点痕迹都擦干净的细节，说明他（她）做事很负责很细心；写小猫咪伸舌头，不住地舔嘴巴的细节，说明小猫惹人喜爱；写笔盒里学习用品摆放得整整齐齐，说明做事情有条理；写水果表面不规整的咬痕，说明水果曾被虫子咬过……

请看下面状物练笔的一个语段——

这是一张米色的菩提叶脉艺术书签。它非常淡雅清素，看，薄的地方为米色，主脉络过渡到淡淡的原木本色。叶脉呈一丝一丝的网状由粗到细，粗的主脉有一毫米左右，极细的丝，比头发还细，密布整片树叶，再细也看得清楚。它们是那么脆弱，用笔轻轻一捅，就会断裂。这叶脉的纹路很特别，密而有序，主叶脉又分出好多小叶脉，再岔开更多极细极细的小脉络越分越多，越变越细，似乎若隐若现。谁说这样的叶脉书签不是一件艺术品呢？

——六年级　洪小奇

　　这位学生从家里带来了菩提叶脉艺术书签，在现场边反复观察边思考边写，写得精细。写好细节，前提是观察。观察细致，缜密思考，才能写细。老师指导写细节方法：一要比较观察，二要反复观察。就本段来看，作者在这两点上都下足了写前观察的真功夫——

　　比较观察——他发现叶脉有主叶脉分叶脉，通过比较发现叶脉有粗有细，先发现主叶脉由粗到细，只有"一毫米左右"，比"头发还细"，还发现分叉出分叶脉，又发现"极细极细的小脉络越分越多，越变越细"。

　　反复观察——他发现网状的叶脉由粗到细，发现叶脉的纹路密而有序，发现极细的丝状网络很"脆弱"，容易断裂，发现小脉络细到"若隐若现"。所有这些，倘若他没有仔细比较观察，没有静心反复观察，就难写出叶脉如此的细节。

　　老师要明确地告知学生，不同文体，写具体的着力点也不同：写人，要把最能体现人物特点的事实写具体；记事，要把事情的过程最重点部分写具体；绘景，要把最美的主要景点写具体；状物，要把物品主要美妙之处写具体。此外，要根据文题需要，确定哪部分、哪方面写具体。

　　老师指导学生习作写具体，不能从概念到概念，"以空对空"，仅仅口头上说"要写具体呀"，犹如"隔靴搔痒"，解决不了学生写作内容空洞的"老大难"问题，学生依然"云里雾里"。老师必须拿出具体办法。常言说"事在人为"，老师们可以把他人写具体的好办法拿来试用，更重要的是老师必须善于在教学实践中发现、总结、提炼、积累有效的引导学生写具体的办法，提高习作教学效率。

第七讲　对话描写新探究
——语言描写序列化

对话描写是小学写人、叙事习作中常用的方法，教材中的各年段单元中关于写人、叙事习作实践，也都提出适当描写人物对话。对小学生而言，对话训练的目标要求比较简单，然而，现实中，学生不会自如地运用对话描写，在写人叙事的习作时，通篇人物演哑巴戏，把健康的人写成植物人，甚至连基本的格式都不会。不少学生对话描写知识基本是碎片化的，存在对话格式单一性，提示语、修饰语运用随意性，对话内容盲目性等等毛病。

如何进行对话描写指导才有实效呢？上山植树造林要连片才见绿，珍珠只有穿成串才能为项链。对话描写导学训练，也必须系列化，才会取得事半功倍的预期效果。所以这一讲着重对话描写相关知识与能力的系列化训练。

例谈一　巧治"无声对话"症

【习作能力训练点】——学习"有声"对话描写

笔者发现不少学生习作时，通篇文章人物全是哑口无言，缺乏对话描写意识。比如，学生常写空话："因为我贪玩，学习又不认真，妈妈没少批评我。"写到这儿，刹车了，至于妈妈批评的话语，读者就不得而知了。对此毛病，老师仅仅简单提醒"要描写对话啊"，以"空"对"空"，基本是无效的。老师要采取切实有效的训练方法，引导学生写出"有声"对话，诊治哑巴病。

(一)演哑剧，巧治"无声"对话病

学生习作中，常没有引用"原声"的对话描写，我想了个妙法：设计哑剧表演小品（任何一位老师都可以做到），启发学生认识"不发声"的对话毛病。请看我现场哑剧小品片段：

上课铃声刚停，我跨进教室。值日班长喊了起立的口令，同学们像往常一样向我问好。可是我只是张张嘴，不发出"同学们好"的声音。我又边张嘴，依然不发出"请坐"，边伸手向同学们示意坐下。不少学生一脸疑惑。我继续演哑剧——我嘴巴一张一合，伸左手，指黑板，望着同学们，右手捏着半截红色粉笔，不住地比画着，摇头，跺脚，挥手，张嘴。学生听不到我的声音，脸上写满问号。一分钟左右，终于有学生忍不住了，举手发问："老师，您怎么啦？您刚才说什么呀？"

看到学生丈二和尚——摸不着头脑，我说明了所演的哑剧内容：刚才师生问好后，老师想写板书，可是看见黑板没擦干净，有点儿生气啦。我心里很着急，反复问今天是谁做值日生，还不赶快上来把黑板擦干净，免得影响上课。学生听了，脸上疑云才消失。

至此，我引导学生讨论正题——"无声"对话的毛病，问："看了老师刚才哑剧演示，你们有什么感觉呢？大家想想，老师这样只开口不出声的哑剧，有什么不妥？"

生：老师刚才您只张嘴巴，没有出声，怎么知道您说什么呢？

生：您刚才手比来画去，表示什么意思呢？我们又没有学过哑语，看不懂。

生：虽然您的嘴反复一开一合，手不住比画着，那么费劲。可我们依然不明白您表达的意思。

生：老师，我知道了，您是想通过表演哑剧，让我们写作时，要写好好像能听得见声音的对话。是吗？

我点点头："你说对啦。"挑明了演哑剧的目的，告诉学生，有些同学习作中的人物就像老师表演的这样"有张口，却不出声"，固然有时可以这样表达，但是有时几句话就能说清楚的事，因为说话人只张口不出声，令人一头雾水，猜得这么费劲。人物明明有对话，却无声，患了"假哑巴病"，让人很费解。所以我们习作要写人物对话时，要引出人物开口说的话，加上冒号和引号，让读者如见其人，如闻其言。

紧接着，我点击鼠标，请同学们默读黑板左边屏幕上的"有声"对话描写：

上课铃声刚停，钱老师跨进教室，走到讲台中央望着同学们。值日班长响亮地喊道："起立！"

同学们像往常一样异口同声："老师——好！"

"同学们——好！"钱老师边伸手示意，边说，"请坐。"

同学们立刻快速地坐下，望着老师，精神饱满地准备上课。

钱老师转身，伸出右手，从黑板槽里取出半截粉笔，正准备写字呢，看见黑板没擦干净，转过身面向大家，问："今天，值日生是谁？"

不知什么原因，没有同学回答。"今天，谁值日？快把黑板擦干净。"钱老师又问一次。钱老师目光扫视全班一眼，见还没有同学举手，又追问："今天，轮到谁做值日生？快上来把黑板擦干净，免得影响上课！"

这段话把哑剧改成描述性对话时，呈现在我们面前的是立体、动态、有声的生活画面，再加上写成不同的自然段，前后文句不会"糊"在一起。学生再三默读这段话，并与之前老师的哑剧表演相对比，明白了有声对话描写的好处：让文意表达得清晰、具体、明白。

（二）改写无声"对话"段

学生光知道要写"原声"对话还不够，还要通过练习，才能有效地诊治"假哑巴病"。我从学生的习作中，选取无声对话病段，录入电脑。我说："同学们，写作时，有说话，但是没有引用加工过的'原声'对话描写，缺少生活气息，文章就缺乏感染力。"说着，点击鼠标，屏幕上，出现了一个无声对话片段，让学生讨论，深入了解、学习、体会描写有声对话妙用。

1. 展示病段。

我刚到教室里，组长就催我交昨晚抄写语文第三课生词作业。我翻了翻书包，没找到抄写生词作业。我告诉组长，昨晚有完成抄生词作业，可是忘记把它放进书包里。钱老师刚好走进教室听到了，批评我又犯健忘症。我向老师保证，昨晚真的做了抄写生词作业，下午一定补交来。没想到钱老师连声说可以，相信我有完成作业，答应再原谅我一回，但是下不为例。我不好意思地向自己的座位走去。

这是摘自学生习作片段。学生默读后，很快发现这段话，全是转述写法，患了常见的"无声"对话病。我引导学生思考——

2. 引导探究。

（1）找出对话点，即找出对话提示语。

（2）找出哪几个人物说话，他们分别说了什么话。

（3）提出修改建议。

学生思考几分钟后，我引导他们寻找对话点，学生只发现这段话里有"告诉、批评、保证、答应"对话提示语，而"催"字不在其列。

学生不懂"催"也含有说的意思，这就是课堂生成的导学点，老师既不要简单直接说"催"也是表示"说"的意思，也不能视而不见，跳过去。我启发："谁能举例说说，日常生活中，什么情况下，曾经用过或听到别人用到'催'这个词？"

这一追问，学生陆续举了不少例子。请看课堂互动回放：

生：一次，我们一家人去旅游，在参观一处古民居时，导游就一直催游客："快点，快点，快点回旅行大巴里，免得上飞机迟到了。"我觉得"催"就是一直叫人赶快行动的意思，虽然不是"口"字旁，但含有说的意思。

生：我觉得有急事要做的时候，会用"催"字，比如：在家里，我早晨起床穿衣、洗脸、刷牙、吃饭，总是慢慢节奏。妈妈老催我："抓紧时间，抓紧时间，不然，上学又要迟到啦！"

生：学校运动会上，我参加两百米跑步比赛，接近终点时，班主任在终点附近为我鼓劲，挥着双手，不停地催我："快！快！快！加油！加油！"

生：临近期末考试，我放学一回家，爸爸、妈妈总是催我："抓紧时间，赶快复习，赶快复习功课！"

学生回忆生活画面，联系具体语境，列举了"催"也可以做对话提示语"说"的实例，而后，老师适当归纳出规律：叫人赶快行动或做事情的时候，可以用书面语"催"字做提示语。讨论互动中，学生增长了对话提示语知识。

学生找到对话点后，就不难发现以上片段含有五句对话，分别是组长和"我"对话，"我"与老师对话。

3. 练笔设计。

光说不练，假把式；又说又练，才能学到真功夫。紧接着，我让同学们翻开语言训练本子，把以上这段无声对话改成有声对话模式，并提出具体修改要求：

第一，三句以上的对话最好分行写。

第二，原话可以适当增减变动。

第三，语气也可以适当加工，尽量口语化。

第四，可以增加适当的修饰语。

学生埋头把这段话改成对话描写后，请几位同学汇报修改后的文段，老师略作点评，学生再检查、订正。请看导学后的练习效果：

我刚进教室里，组长马上催我："于辉，快，快点交昨晚抄写语文第三课生词作业。"

我翻了翻书包，没找到抄写生词作业，说："糟了，昨晚忘了把抄生词作业放进书包里了，下午补交给你。"

"于辉，你怎么又犯健忘症！"钱老师刚巧走进教室，听到我说忘了带昨晚完成的作业，就批评我。

"老师，"我呆住了，"昨晚，我真的有完成抄写生词作业。下午，我一定记得补交。"

出乎意料，钱老师连声说："好，好。再原谅你一回，下不为例。"

我点点头不好意思地向自己的座位走去……

——五年级　林　敏

再引导学生讨论，修改后这段对话描写好在哪里。

生：人物对话分开自然段描写，前后层次更明晰。

生：好像在现场听到组长、于辉、老师之间面对面说话的声音。

生：好像亲临交作业那一刻现场的生活形象画面。

师：林敏同学改得真好。可见对话描写，把人物写活，读者眼前就好像看到动态画面，宛如听到声音，这是有声对话描写的好处。

老师演哑剧，纠正"无声"对话病，再让学生把修改后的有声对话描写，与屏幕里的无声对话叙述进行对比,学生能感知有声对话好处:写出有声的对话,能让读者好像听到彼此说话内容、说话声音,这样的对话才能再现真实,更有表现力。这样的导学训练,有声对话描写能力就会日渐提高。

例谈二　诊治"格式单一"病

【习作能力训练点】——学习对话描写基本格式

对话描写格式单一,也是学生习作的常见病。它同样会影响文章表达效果。学生习作普遍存在的这类现象,老师肯定不能采取一一面批的方式。我采取摘抄对话描写的方式,让学生了解对话基本格式,掌握多样化的对话格式,使对话描写生动活泼,增强表达力。

(一) 抄写对话比赛,学习格式

让学生抄写课内文本中连续四句以上对话描写的段落,目的是让学生通过抄写对话,掌握对话描写格式与标点用法,对几种常用的对话格式留下较深的印象。这个导学法我屡试不爽。我组织学生开展抄写比赛,全班学生统一抄写五年级语文上册《小岛》中的对话描写片段——

"这是谁的主意?"将军问道。

队长不知说什么好:"大家的。"

"大家的?哼!"将军重重地放下筷子,起身,"我说和战士们一起吃,你劝我说我去了,他们会拘束,我就听了你的。现在倒好!我问你,战士们有蔬菜吃吗?"

"一个星期吃一次。"队长声音小了。

我提出用方格纸抄写对话语段比赛要求:用时五分钟,对话的格式(包括标点)正确,注意做到"四不"——不添字,不漏字,不错字,不涂改。我鼓动说:"比比看,谁不出任何差错,获得满分?"

批改结果，全班不上十个同学全对。学生打开比赛卷子，看到卷子上的分数，"哇"声一片。他们没想到，差错多是因为漏抄标点，抄错标点。抄写对话描写比赛后，学生恍然大悟，才知道对话描写格式真有学问，才发现对话描写还要这么讲究标点符号。

不要小看这种对话抄写作业，有许多学生并不了解对话书写的基本格式。为了便于记忆，师生互动讨论总结出对话描写格式、标点位置范式，让学生认真抄写在课堂笔记本上：

推车式——说话对象＋说话内容。

书写范式：×××说："……"　　　　　　"说"后用冒号（：）

拉车式——说话内容＋说话对象。

书写范式："……"×××说。　　　　　　"说"后用句号（。）

挑担式——说话内容＋说话对象＋说话内容。

书写范式："……"×××说，＋"……"　　"说"后用逗号（，）

这就是习作教学细节。学生阅读课文对话描写时，看到对话了，可是对话书写格式，未真正入眼、入心，更未真正会用。开展抄写对话描写片段比赛，看似简单的办法，能让学生专心阅读、耐心抄写、细心检查，对对话格式的印象由模糊变清晰，这样学生才会扎扎实实掌握对话描写基本格式。

（二）听写对话，掌握对话格式

正确运用对话格式，还要运用听写对话的方法来训练，这个要求比较高，因为必须"听出"对话句中的标点符号，这还真不容易。要注意的是：第一，要听写一组包含三种格式的对话。第二，要选择贴近学生熟悉而简单的对话。第三，最好安排时间连续听写一组三句不同格式的对话。请看其中一次听写——

妈妈提醒我："宝贝，见到老师，要大方地问好。"

"知道啦！"我回答，"我记住了。"

"真乖！"妈妈夸我。

听写这样的对话片段，用时不到两分钟，主要目的是牢固掌握三种对话格式，根据实践经验，多数学生经过四五次听写训练，就能记住三种对话格式。此后，遇到需要对话时，学生就会自觉、熟练、正确地运用三种格式，描写对话。

（三）诊治对话"格式单一"病

学生习作中，常会出现对话描写形式单一的毛病。比如：多数学生习惯或者只会用"说话人在前，说话内容在后"这种格式，显得单一，影响表达效果。我从学生习作中选择典型语段，并把它输入电脑，让学生诊治"对话格式单一"病。

1. 默读病例　把脉诊病。

默读、思考、讨论下面这段话的毛病。

[学生作文]

不知为什么放学时，钱老师让我到办公室里等他。一会儿，钱老师来了。他一坐下就问："你排队时为什么去扯晓芳同学头发？"

我低头回答："没有理由，开开玩笑而已。"

钱老师接着开导："不尊重同学的玩笑不能开！要学会与同学友好相处，请你主动去找晓芳同学道歉。"

我小声答应："好的。下午，我向她道歉。"

钱老师说："好吧，好吧。老师相信你，你可以回去了。"

让学生同桌互相交流两三分钟，议论一下，然后提出修改建议——

生：这段对话真实可信，像口语交流，但格式单一，建议把第二句调动一下，改为"拉车式"——"没有理由，开开玩笑而已。"我低头回答。

师：好。你开的处方是——调动。比原来多了一种形式。

生：我记得上回抄写对话比赛的片段，有三种格式呀！

生：（恍然大悟）对，对。这组师生对话写了五句，全是"推车式"，没有变化，读起来显得单调。可以把第三句对话改为"挑担式"。可是，把哪一句改成"挑担式"好呢？

把对话中个别句子改为挑担式，这是难点，老师要做重点指导，特别要提醒学生注意这样切分是有规律的。对小学生来说，什么情况下可以用挑担式的描写，老师要用实例来导学。请学生品读下面摘录的"挑担式"范例：

例1："我，"第二个青年说，"也许我在这里就会弄明白幸福是什么。"

例2："是吗？"魏王信不过自己的耳朵，问道，"你有这样的本事？"

例3："啊！"魏王看了，大吃一惊，"真有这样的本事！"

例4："你喝吧。"孩子们说，"我们就是为了让人喝水才把井砌好的。"

例5："没有……"我低头小声地说，"我不敢……告诉妈妈。"

从以上五个范例，看出挑担式的写法比较复杂，老师要发挥主导作用，导在关键处，请学生把目光聚焦在"挑担式"例句的前半句，我说："注意看看，'挑担式'前面引号里的标点。"学生立马发现"挑担式"说话句的特点。

生：前半句可以用"逗号""问号""句号""感叹号""省略号"。

生：这样看来，"挑担式"的句子中，至少要有两种以上标点符号。

师：哇！这是很重要的发现，你帮助大家找到了一把写"挑担式"句子的钥匙——凡是有两种标点的句子，都可以根据需要，写成"挑担式"的对话句。

不必苛求小学生对话非用"挑担式"不可，但是既然课文中经常出现此类对话描写格式，还是要引导学生了解基本法则，在写作时迁移运用。我要求学生现学现用，用这把钥匙，把以上"学生作文"中的对话句改为挑担式——

第二句改成——"没有理由，"我低着头回答，"开开玩笑而已。"

第三句改成——"这种不尊重同学的玩笑不能开！"钱老师接着开导，"要学会与同学友好相处，请你主动找晓芳同学道歉。"

第四句改成——"好的。"我小声答应，"下午，我向她道歉。"

最后一句改成——"好吧，好吧。"钱老师说，"老师相信你会改。你可以回去了。"

师：（小结）好哇！你们记住了"挑担式"说话句的规律——说话句中有两个以上的标点，才可以变成"挑担式"，同时把"说"提示语后面改为逗号。

师：其实不是绝对非用"挑担式"不可，但是，如果对话内容有起伏变化或者有递进、转折关系时，用"挑担式"描写对话，会增强表现力。

经过这样的互动评讲，学生不难发现对话描写格式单一的毛病，老师要引导学生讨论诊治的药方：有的可保留，有的前后调动，有的把说话内容切分一前一后的"挑担式"。

2. 修改展示。

学生看着屏幕里的对话描写，自主修改在本子上，而后请若干位同学汇报修改的最终结果，选择其中一份作业展示，共享训练成果：

放学时，不知为什么，钱老师让我到办公室里等他。一会儿，钱老师来了。他一坐下就问："你排队时，为什么去拉扯晓芳同学头发？"

"没有理由，开开玩笑而已。"我低着头回答。

"这种不尊重同学的玩笑不能开！"钱老师耐心地说，"你要学会与同学友好相处，请你主动找晓芳同学道歉。"

"好的。"我小声答应，"下午，我向她道歉。"

"好吧，好吧。老师相信你，你可以回去了。"钱老师说。

——五年级 郭 伟

描写对话格式训练，要反复动笔实践，才能形成能力。此后，学生写习作时，在老师提醒下，对话基本格式才能熟练。

例谈三 巧用"说"的近义词

【习作能力训练点】——正确运用对话提示语

在写人叙事的习作中，描写对话时，学生会运用不同书写格式，又忽视了运用不同的表示"说"的提示语，该用"问"时，却随意写成"说"，该用"提问"时，也随便用"说"，不会根据语意、语境选择不同的说话提示语。语文老师有必要指导学生准确运用不同的表示"说"的提示语。

（一）积累"说"的近义词

学生写对话时，"说"的提示语很单调，一是词语贫乏，"说"的近义词积累不够，只能反复使用"说"字；二是不会根据上下文语境，选择不同的

"说"的近义语。所以要引导学生积累"说"的近义词。我是引导学生先收集，后归类。有学生颇有收获，整理归类了一大张说的近义语，征得同意，让他抄写在黑板的"词语天地"栏里，让学生抄在词语资料本里。也可以打印复印人手一份，让全班同学共享：

单音：问 喊 叫 夸 骂 吼 嚷 说 催 道
双音：惊叫 欢叫 责备 提醒 嘀咕 唠叨 嚷嚷 谈论
　　　争辩 争论 辩解 哀求 恳求 乞求 宣布 表扬
成语：口若悬河 滔滔不绝 对答如流 脱口而出 异口同声
　　　侃侃而谈 喋喋不休 大声疾呼 语无伦次 议论纷纷
　　　冷言冷语 冷嘲热讽 支支吾吾 七嘴八舌 各抒己见

老师引导学生讨论：看了"词语天地"里，这些"说"的近义词，第一感觉是什么？

生：没想到，对话提示语居然这么丰富，除了"说""问""道""回答"，还有这么多"说"的近似语、近义语都可以作为对话提示语。

生：我是第一次知道成语也可以作为"说话"提示语，以后要学着用啦！

生：写对话可以用不同的提示语，这样就不会翻来覆去老用"说"字。

师：对呀！词语"超市"资料库里，储存着众多"说"的提示语，根据需要，可以自由选取，听你调动啦！

习作训练，不能只"说"不"练"，创意地"训"是老师的引导、指路，扎实地"练"，是学生动脑思考、动笔实践。老师讲"对话提示语要变化"，这只是要求学生写对话时要"做什么"，老师指导学生"怎样做"，这是指路，这才是关键。"训"要得法，"练"扎实才会有效果。

（二）授之以"渔"

同样一支笔，有的人写的字工整、漂亮，有的人写的不规范、难看，这是因为练不得法。以学定教，教要得法，法要有理，理要说透，方才有效。

方法一：范例导航，触类旁通

请看运用"说"的近义语范例——

大队辅导员朝操场远端在雨中玩水的小朋友大声喊："同学们注意了，注意了，不要在雨中玩水了，会生病的，赶快回班。"

师：如果把这句话里的提示语"喊"，换成"说"字，大家读一下，有什么感觉？

生：（读后边摇头边笑）不能用"说"，用"说"字，远处玩水的小朋友听不见，还继续在淋雨玩呗。

师：这里为什么用"喊"？

生：从"远端"这个词看出，辅导员距离在雨中玩水的小朋友比较远，用"喊"，小朋友才能听到辅导员的声音，才会回到雨淋不到的地方。

师：（小结）对，说话人离听话人远时，要用"喊"字。

（板书——看需要）

师：谁从以上范例得到启迪？还有什么情况下，说话提示语可以用"喊"？

生：在嘈杂的环境里大声说话才听得见。

师：比如——

生：菜市场。

师：你亲自感受到的？

生：是的。有个周末我和妈妈一起去菜市场，妈妈在买青菜，我往前几步，看到海鲜摊那儿有我爱吃的螃蟹。我朝妈妈说了好几遍，菜市场好吵，她没听见，我就大声喊："妈妈，妈妈——这里有螃蟹。"她才听到呢！

师：是啊！在这么嘈杂的地方你不大声喊，妈妈很难听清楚，所以要用"喊"。这是你从生活中感受到的。生活中处处有语文，要在生活中学语言。

师：（小结）所以，在声音嘈杂、非常热闹的场合，描写说话的提示语要用"喊"或者"叫"，有时前面还得加："修饰语——大声。"

（板书——看场合）

师：谁再说说你的新发现？

生：风雨交加的时候，说话要特别大声。

师：比如——

生：有一天下暴雨，加上台风，我透过窗户看到我们家附近大树倒了好几棵，扯断了电线。不久，园林处叔叔顶风冒雨，赶到现场抢救，风声雨声盖过人们说话声音。这时，说话就要大声喊。

生：我也有看到有一位园林工人还用双手拢成喇叭形向其他抢险工人着急地喊话。

师：对呀，在这样恶劣环境下说话，非大声"喊"不可。

师：（小结）飓风暴雨恶劣环境里说话，提示语要用"喊"。

（板书——看环境）

课堂真的必须变成滋养思维生命的河流，当老师引领学生打开思考之窗时，学生回忆生活，左联右挂，身临语境，渐入佳境，乐此不疲，发言停不下来，瞧！他们想到了许多用"喊"的语境——

急需劝告对方马上终止某行为时，用"喊"。

人遇到极其危险的情形，呼救时，用"喊"。

人数众多，人声鼎沸嘈杂的地方，用"喊"。

集体比赛，需要大声鼓劲加油时，用"喊"。

一位学生说："有一年，我们一家回老家过年，下了动车，我牵着爸爸妈妈的手紧跟着旅客涌向出口处，那里人声嘈杂，我听见维持秩序的民警用扩音喇叭喊：'旅客们，旅客们！请按次序出站，注意安全，注意安全！'我们好不容易随着人流，才来到大厅。"

老师用同样的方法，引导学生理解什么情况下，对话提示语要用"问"。在讨论中，弄明白提示语"问"的不同用法。

＊有问题，需要请别人解答，用"提问"。

＊根据事实，问明真相是非，用"质问"。

＊有需要时，往往反过来问，用"反问"。

＊有时，需要打探清楚情况，用"探问"。

＊把问题进一步弄得更明白，用"追问"。

这样的讨论，不仅让学生丰富了"说"的词库，还培养了语用的敏感性。

方法二：强化训练，实践方法

"实践出真知"，语文能力必须在不断实践中形成，所以老师要设计针对性的练习，让学生在练习中，提高语用能力。比如：在下面句子括号里，填上说的提示语（不能重复）。

1. 我这次参加小主持人选拔赛，获得第一名，班主任喜滋滋地_____我："晓云，这回你为班级争光了，好，真好，真棒！"

2. 语文第一单元考试时，陈老师一再_____："注意审题，注意审题！"

3. "明白了！"全班同学_____。

4. "你看看，又犯粗心毛病了，又犯粗心毛病了！"爸爸连声_____。

老师组织学生讨论、说理由，随机引导归纳总结方法。

生：第一题填"表扬"，或"夸"，理由：从神情"喜滋滋"及说话内容中看出班主任是表扬我。

生：第二题填"提醒"或"强调"，因为"注意审题"连说了两遍，说明老师希望学生重视审题。

生：这题还可以填"告诫"，以往学生曾经不注意审题，为了避免审题再出错，所以也可以用"告诫"。

生：第三题填"异口同声"，或者"齐声回答"，因为句子中有"全班"，说明回答的话是一样的——"明白了"。

生：第四题填"责备"或者"批评"，因为爸爸的话中用了两次"又犯粗心毛病了"，说明爸爸对屡犯粗心的毛病很不满。

生：第四题中还有这个"又"字，说明多次反复犯"粗心毛病"了，所以要填"责备"比较好。

生：还有，句子中，一连用了三个"你"，听出爸爸很着急，用"责备"更准确。

师：这几位同学真会"咬文嚼字"！他们说的理由中，我们发现正确使用对话提示语，一个很重要的方法是什么？

生：根据说话内容，选择用哪个提示语。

师：对！你很会归纳总结。简单地说：根据语言环境选择不同提示语。

（板书——看语境）

这样的学习过程不是做文字游戏，也不是卖弄技巧，而是在培养学生语感，通过扎实的训练，培养语用严谨性，探寻语用密码，发展思维，丰富语言。选用"说"的同义词或近义词，能避免老用"说"的毛病，实实在在地提高对话描写能力。

例谈四　替代"说"字提示语

【习作能力训练点】——学用体态语言作对话提示语

教材中许多叙事、写人的文章经常有描写对话的片段，会发现其中有许多人物体态动作、神态表情、声音特点、情感情绪，老师如果培养学生养成观察习惯，他们一定会发现，人物表情是很丰富的，而且变化很快。无论喜悦也好，伤心也好，难过也好；无论两人谈话也好，多人讨论也罢，私底下谈话也好，大众场合也罢，与人交谈时，不同的表情都会呈现在脸上。

（一）用体态动作、神态代替提示语

我们经常看到教材文本中，课外文学著作中，描写对话时，用体态语言、表情代替"说"的提示语。细细回味，就会觉得有时对话不用"说"字，文句会更凝练，效果会更好。

方法一：老师表演"植物人"说话，感知体态语言

为了让学生深刻理解体态动作、神态语言，我演示了一段身体一动不动，表情单一，只张嘴说话的小品。请看——

我往讲台中间一站，立正，双腿绷直，两手紧贴大腿两旁，眼睛平视前方，表情严肃，身体僵硬，没有轻微晃动，开始说话："同学们好，请听老师说话，老师发现不少同学写人物对话时，脑袋不动，脖子僵硬，身体僵死，双手僵直，双腿不动，两眼不眨。我听到同学笑声，有什么好笑的？嘎，笑什么，嘎，我就这样讲话，我不动，我就是不动，哈哈哈，什么？什么？你逗我？你逗啊，你逗我，我还是不动，我手脚麻痹，我手脚中风，我只能动嘴，我，我憋不住了……

我一口气表演下来，越到后面，教室里笑声越多。我始终保持一个静态姿势，一种固定表情。

师：看了老师演示，你们见过这样说话的人吗？

生：没有。

师：可是，在你们习作中，我常看到说话时手脚不动、表情不变的人。

生：在生活中，如果真有这样的人很搞笑。

生：(掠了掠头发）我们很少关注人物说话时的眼神和身体动作。

师：你刚才说话，就自然地做了习惯性动作——右手掠头发。

师生互动探究，让学生知道，在实际生活中，人们进行交谈的同时，会很自然地用各种身体语言，要么边点头边说，要么边走路边说，要么边打手势边说，神态还会不时起变化。描写对话时，顺便配以身体语言，再现生活，让读者觉得这样的对话描写很贴近生活真实。

方法二：观察对话，发现体态、表情语言

现场让学生随意互相说话，观察一下对方说话时的动作、神态。然后，让学生说说观察发现，感知体态语言的作用——

生：我同桌说话时，自然地眨着眼睛，还会伸手摸耳朵。

生：林铭同学边挠后脑勺边说话，有时会伸舌头。

生：我同桌与我说话时，会朝我微笑、点头。

生：周华说话时，侧过脸，伸手指着我，向我扮了个卖萌的鬼脸。

师：观察好细致。请问，这些动作，你们有预先彩排、演练过吗？

生：没有！

师：(小结）所以，人物说话时的体态语言，都是伴随着说话过程，自然而然发生和变化的，只要注意观察人物说话时的状态，描写体态语言没有困难。

学生认识到什么是体态语言后，老师要及时要求学生把刚才现场观察发现的说话内容、神态、动作，有选择地描写下来。提醒注意：需要时，也可以省去"说"字，看谁写得准确、真实、自然、简洁、得体。

方法三：练写对话，用动作、神态代替"说"

通过现场描写对话练习，要求学生描写对话时，学习用体态动作、神态

替代"说"的提示语。练习后，学生汇报。

生：我微笑着向班长伸出右手："班长，你红笔借我用一下。"

"好的。"班长点点头，把红笔递给了我。

师：这组对话，一呼一应，用"伸""递"体态动作当提示语。这个"递"字用得巧妙、准确，省去了"说"字，这样，文句既通顺，又简洁。

生："来，晓红，我说谜语，你来猜。"我边说边打开谜语书。

李晓红伸手做了个 ok 的手势，望着我："猜就猜，难不倒我。"

师：ok 手势我们都熟悉，很有生活气息。写得巧！

生：同桌郑荣推开我的手，眼睛瞪着我："别动我的笔盒呀！"

"真小气！"我缩回手，"只想看看，我又没想要你的宝贝笔盒。"

"好、好、好。"郑荣同学有点不好意思了，"你看吧，我只是想让你小心一点。"

师：好！这几位同学的对话前后呼应、语意连贯。"瞪"与"缩"，都是很微小的体态动作，观察得细致，才写得巧妙。

这几位同学现场写的这些对话句子，有的用动作代替"说"的提示语，有的用神态代替"说"的提示语，省去"说"字，显得更紧凑。

老师演示的小品，让学生在笑声中，感悟体态语言在描写对话时的作用，再通过学生观察现场对话状态，随机描写观察对话句子，这样感知、观察、练写串成导学"训练链"，学生就能实在地掌握用"体态神态"替代"说"的提示语的本事。

（二）用声音、情绪特点代替提示语

课前，老师设计例句（也可以从文本中摘录），训练学生用声音、情绪代替"说"的提示语。老师边点击鼠标，边要求学生默读例句。

例1：客厅里传来爸爸洪亮的声音："今晚，我要加班，宝贝，你要自觉写作业啊！"

例2："我不，我不要，我就不要漱口嘛！"表弟撅着嘴，吐出一串幼稚的童音。

例3：我奶奶对表妹疼爱有加："乖，听话啊，吃了退烧药，病好了，奶奶带你去玩啊。"

老师引导学生读对话例句，经过思考，从中发现什么？

生：例1，我发现一家人说话声音彼此都很熟悉，听到说话洪亮的声音特点，可以断定是爸爸说话，所以就不用写"说"字提示语。

师：联系生活经历，分析得好！

生：例2，从说话语气，就知道是孩子说话，让我明白可以用"童音"特点代替"说"，更有童趣。

师：联系语境，理解得对。儿童有时说话带有任性的语气，从童声特点来看，可以省略"说"。以上两句都是以声音特点代替"说"。

（板书——以声音特点代替"说"）

生：例3，奶奶说话内容中，我体会到奶奶对表妹"疼爱有加"，省去"说"字，语意更有味道。

师：对呀，从课文里经常会读到这种用情感情绪代替"说"的写法，希望同学们从课文里学对话描写。

（板书——用情感代替"说"）

通过互动讨论，学生懂得了，对话描写有时提示语不用"说"字，形式更活泼，语意更简洁，文句更灵巧，习作更精彩。

老师发现学生习作中的毛病，运用类似以上生动的对话范例或者错误的对话描写，进行评析式的教学互动，学生既具体地感知如何运用丰富的"说"的提示语，还可以激活学生的思维，培养学生的对话语感，磨炼严谨的学风。

例谈五　描写"说"前修饰语

【习作能力训练点】——学习给"说"前加修饰语

日常生活中，在某些场合，不同性别、不同年龄、不同职业、不同身份、不同性格的人，说话语速、语调、语气、语态、语势也不同。我指导学生在提示语"说"之前，附加一些修饰形容"怎样说"的词语。

（一）语速快慢修饰"说"

我引导学生将说话语速的微小区别还原出来。如：

例1：那位上了年纪的老大爷<u>慢条斯理</u>地说："司机同志，我要下车了，谢谢您的关照。"

例2：詹老师<u>一字一板</u>地说："大家——听——好了，翻开——听写本，准备——听写——第三课——词语。"

例3：民警看到电动车骑手闯红灯，像发了一通<u>连珠炮</u>似的："你看，你抬头看看，你睁大眼睛看看，是红灯，你闯红灯，危险，危险！"

学生默读例句，体味运用语速快慢修饰语的规律及其好处——

生：例1，我懂得了"慢条斯理"用来形容"说"，表示说话语速慢。

生：我补充一点，一般老人说话语速都偏慢。我90岁的曾祖父就是这样说话。

师：对，不少年纪大的老人，头脑反应慢，舌头不灵活，说话就没那么利索了。从中可以发现一个现象——

生：年纪偏大的老人语速慢。

师：归纳得很对！

（板书：年纪偏大的老人——语速慢）

生：例2，一字一顿也是表示语速慢。

生：詹老师平常教学不会都这样一字一顿地说话吧？

师：你发现一个很重要的现象，同一个人，有时语速慢，可能有时语速快，要看需要。

生：这个句子中，詹老师一字一顿说话，是为了放慢速度，让学生听得更清楚，留给学生写的时间。

生：例3，用比喻表示语速快。这位警察叔叔说话句子很短，很急促。我想，警察叔叔平时说话一定不是这么快的。

师：对！他只是对闯红灯、不守规则的人说话才会这么急促。

（板书：根据需要决定——语速快慢）

接着，老师引导学生讨论，用上这些修饰语的好处。学生发现，倘若删去句子中加横线的修饰语，这几位不同身份的人说话状态没有区别，没有对话个性，缺乏对话表现力；加上语速快慢的修饰语，能细腻地表现人物对话的真实情景。

(二) 声调高低修饰"说"

一个人有一个人的音质特点，有的人说话时声调高，有的人说话时声调低，有的人说话嗓门大，有的人说话声音小。对话描写训练时，我引导学生根据对话表达需要，用上表示声调高低不同的修饰语。请读例句，思考说话修饰语特点：

例1：妈妈低声地说："……"
例2：龙老师轻声细语地说："……"
例3：广场上，女导游提高嗓门："……"

用同样的方法，让学生"知其然，知其所以然"。学生用心读后，不难明白，例1、例2画横线的修饰语表现说话声调低；例3画横线的词语表示说话声调高。

说话声调高低，有的要根据现场需要，比如：对耳背的老人说话，就要提高嗓门；性格内向的人，说话会就小声一些。在对话"说"之前，用上多样的修饰语，就会再现原生态生活，贴近真实生活，显得更有"现场感"啦！

(三) 用人物神态修饰"说"

我让学生了解，除了个人发呆似的自言自语，当人们说话时，一般都会表现出自然的神态，尤其是情绪激动、反应强烈时，表现会更明显。因此描写对话时，可根据需要，将这些感情色彩表现出来。老师可引导学生在"说"前，加上这一类的修饰语。看下面句子：

1. 邻居邵阿姨满面笑容地说："……"
2. 爸爸笑眯眯地望着我："……"
3. 小表弟侧着小脸蛋,忽闪着大眼睛："……"

这三个例子中，加横线词语都是用神态来修饰"说"的。加上修饰语，有了人物说话时的表情，更能看出人物精神面貌，让对话描写更加逼真，更加"生活化"，更加形象化。

（四）动作、姿势修饰"说"

人的肢体语言和人的性格、表达方式、说话习惯等有很大关系。肢体语言也能反映出一个人的特点。如：
1. 我奶奶一边看报纸一边说："……"
2. 林老师理了理秀发，说："……"
3. 那位可爱的小姑娘蹦蹦跳跳地走过来，说："……"

老师要注意指导学生，将表示动作、姿势的肢体语言，进行细致的刻画，"说"之前，增加此类修饰语，更能展示人物日常生活情态及某一方面特点。

例谈六　明确对话描写目的性

【习作能力训练点】——学习有目的地描写对话

生活中人们交流的话语非常繁杂，说的内容也有目的。有些学生，不知道如何加工对话，往往不知道选择哪些话写进文章对话中。对此，老师可先创设对话情境，当堂要求学生进行对话素描，练习对话选材。到了高年段，老师要让学生明确写对话的主要作用。

（一）分析对话明目的

老师要让学生明确学习对话描写，并不是为了凑字数、拉长文章篇幅，不能让"对话"变成"废话"。
1. 出示例句。
出示例句，剖析例句，了解对话描写的用处。

例1："老师好，祝您新年吉祥如意！"新年初二早上，我在路上巧遇班主任。班主任笑眯眯地望着我："你好！祝你新年快乐！新年新进步！"

例2：上午第二节课间，同桌见我精神不振，关切地问："唐铭，你是不是哪儿不舒服？"

例3："你不要提醒我，我一定要自己发现错的原因，这样以后遇到这类题目才不会再做错。"班长谢绝我的帮助。

例4："妈妈，过年为什么要贴春联呀？"我指着家门口一副新春联问。

例5：那位老大爷上了公交车，找老人乘车优惠卡，找不到，自言自语："唉，人老了，人老了，刚刚还看见优惠卡，现在不知放在哪里了。"

2. 思维热身。

老师利用例句，引导学生分析说话句所表达的意思，做思维"脑健操"——思维热身。同桌互动讨论后汇报：

例1：写了师生祝福语，这是礼节式呼应对话，表现文明礼貌好风气。

例2：写了询问式说话句，表现同桌对同学关心的好思想。

例3：写了班长独立找错题原因的决心，这是警醒式说话句，表现班长学习自觉、自立的精神面貌。

例4：写了"我"问过年贴春联的原因，这是疑问式说话句，表现"我"具有质疑好问的学习品质。

例5：写了老大爷自说自话，这是自语式说话句，说明年纪大了，记性差了。

在老师启发下，学生明确了，对话有时能表现人物的性格、精神面貌，有时则为情节过渡服务，有时起直接点明中心的作用。恰如其分地运用对话，能增加文章的表达效果。

老师可以举一反三，设计展示争论、问答呼应、发展情节、前后过渡、点明中心等等对话句，让学生明白对话描写的目的。这样，结合具体对话的讨论，写作时，学生就会逐步有目的、有意识地运用对话描写了。

（二）围绕中心描写对话

老师要特别引导学生围绕中心写对话，不要把与中心毫无关系的话一股脑儿都写下来。为此，老师可提供一个中心词，训练学生围绕中心写对话的能力。

1. 练笔设计。

任意选择身边熟悉或不熟悉的人物，写一段表现"关心"的对话。要求：（1）综合运用学过的对话描写方法。（2）对话尽可能写得生动活泼。

2. 练笔导航。

交代对话要素——交代对话的任意地点、时间、事由。

选择对话对象——写熟悉的人物对话，如：同学之间、师生之间、家长之间、家长与孩子之间。可以选择写不熟悉的人物的对话，如有时在街上、公交车上，会听到陌生人对话；可以是两人对话、三人至四人对话，关键是话语中能体现"关心"就行，每人所说的话语不宜太长，要尽量口语化。

体态语言修饰——对话时，可以选择能体现"关心"的动作、表情做修饰语。

3. 练笔展示。

请看一位学生练笔片段：

我迷迷糊糊地听见说话声，微微睁开眼睛一看，啊，是梁老师！梁老师见我醒了，亲切地摸摸我额头，问："小杰，好些了吗？"

"好些了，只是头还昏。"我低声回了一句。

"梁老师，谢谢您啦！"妈妈望着放在书桌上的作业本，感激地说，"老师，您这么忙，还亲自送作业本来。"

"没关系。"梁老师微笑着，"小杰这孩子，体质较弱。家长一方面要注意给他增加一点营养，另一方面也要引导他锻炼身体，增强体质。"

梁老师还和妈妈谈了一些我的学习情况。要离开时，她又一次叮嘱我："小杰，听妈妈的话，按时服药。落下的功课，老师会帮你补上，放心好啦！"

——六年级　钟小杰

4. 互动评议。

师生互动讨论以上对话描写，学生懂得通过"我"生病了，老师探望"我"时，选取老师对"我"的询问，对家长的建议；老师临走时，对"我"的叮嘱，以及妈妈对老师感激的话语，集中表现了老师"关心"我这个中心。

此外，对话描写训练还需要注意的细节：

＊对话不必每句都录下来，根据需要，适当增减、加工。

＊对话宜写短句，力争口语化。

＊年级不同对话要求也不同，随着年级升高，对话能力要求须逐步提高。

＊要结合课文教学有机进行对话训练。

＊高年级学生描写对话注意体现人物身份、年龄、职业特点，更贴近生活真实。

简而言之，老师自身掌握必要的对话描写知识体系，训练描写有声对话，能使习作更具形象性；训练常用对话书写格式，掌握对话形式规范性；训练运用"说"的近义语，使对话提示语更加丰富性；训练用体态语言做提示语，让对话更具生活性；训练描写"说"前使用修饰语，更具生动性；训练围绕主题写对话，突出对话目的性。这样安排教学，既体现对话描写要求的系列化，又呈现训练目标的有序化。

第八讲　习作导写新策略
——习作导写立体化

教育界许多知名专家都说"教无定法",这恰巧说明必须重视导学策略:①教学必须掌握合适的有效的方法;②教学方法必须灵活、多样;③必须根据不同的题材,选择适合的教学方法,根据不同的班级实际情况确定教学方法;④根据不同年级儿童心理特点,不断更新、变换教学方法。

如若用单一的方法训练,学生容易产生审美疲劳,所以训练方法要丰富多样,灵活,多管齐下。这一讲,重点介绍读写式导写、系列式导写、即兴式导写、评改式导写、下水式导写策略。其他导写法,老师们可在日常教学实践中,不断创新,创造出最适合自己、最有效的导写方法。

例谈一　读写式导写策略

【习作能力导学点】——引导学生从课文学习作

语文课本已经涵盖小学几乎所有写作知识,语文教师本身要善于解读文本,巧用教材,并引导学生用心灵和作者亲近,与文本对话,把平面的文句变成有声有色、有情感的生活画面,变成有滋有味的习作营养,内化吸收,促进能力迁移,外化表达。语文老师要把文本变成播种写作知识的园地,使文本成为习作成长的乐园。从读学写,以写促读,读写结合,是习作教育、提高学生习作能力的重要途径。教材中的习作知识是分散的,老师要善于把它们串联成习作知识"金项链"。

写作知识,老师不要生硬灌输,也不能放任自流,除了在阅读过程中,有机地随文教授写作知识,还要设计指向写作表达的教学环节。

（一）单元习作"导写术"

教材无非是个例子，这是语文老师的共识。我认为语文老师要有"大语文"教学观，立足小学教材全局，在阅读教学中自然地渗透写作知识教学，最大限度发挥单元文本的例子作用，让读与写紧密结合。我从如下三方面利用教材导学习作。

1. 单元写作前，渗透写作知识教学，从读导写。

语文老师要有引导学生巧借教材学习写作知识的意识，了解本单元教材中的写作知识点与本单元习作训练要求的内在联系，使读与写紧密联系在一起：有些单元习作，学生不好写的，或者是初次接触的体裁，单元习作前，设计相应必要的小练笔，提前为写本单元作文做铺垫，做写前的思维热身。比如：如果单元习作要写熟悉的人，根据该单元写人的要求，就设计与写人有关的单项小练笔。此外，老师还可以引导学生预先练写人物神态、心理活动、对话、景物、状物。本书篇幅有限，不一一展开叙述。总之，习作前，学生要做足微习作功夫，为各单元习作打好基础。注意两点：一是自然渗透，随机结合，不要上成纯粹写作知识课。二是一篇课文可能有多个写作知识点，不要多而杂，只"取其一瓢"。

2. 单元习作时，利用教材指导习作，读写迁移。

虽然阅读与写作各有侧重，但是读与写绝不能割裂开来，教材中的写作方法或者知识，要在课文阅读教学过程中随机点滴渗透，为本单元写作做准备。引导学生把从课文中汲取的写作知识、写作方法，迁移到习作中。要特别强调灵活迁移，仿中有创。如：仿句式、仿片段、模结构、仿思路，要脱胎于课文，与课文若即若离，而不能生吞活剥、生搬硬套。

3. 单元写作后，巧用教材评讲习作，以写促读。

单元习作后，根据习作存在的问题，归类梳理一下，借教材进行评讲是必要的习作修改环节。老师引导学生回到课文，再研读相关课文，研读相应的写作知识点，及时纠错，及时修改，避免"带病"写下个单元的习作。办法是对照单元教材有关习作知识，作重点评讲，做好二次导写、导改，提高习作质量的善后"补救"工作。

（二）巧从课文学写作

引导学生向课文学习作文的强烈意识要一以贯之。老师课前，不仅要备如何"教"，还要备好如何教学生"学写"，包括如何从课文学写作知识，阅读教学时，均可随机渗透。请看下面渗透式导学回放。

【课文例段】

午后一点左右，从远处传来隆隆的响声，好像闷雷滚动。顿时人声鼎沸，有人告诉我们潮来了。我们踮着脚往东望去，江面还是风平浪静，看不出有什么变化。过了一会儿，响声越来越大，只见东边水天相接的地方出现了一条白线，人群又沸腾起来。

那条白线很快地向我们移来，逐渐拉长，变粗，横贯江面。再近些，只见白浪翻滚，形成一堵两丈多高的水墙。浪潮越来越近，犹如千万匹白色战马齐头并进，浩浩荡荡地飞奔而来；那声音如同山崩地裂，好像大地都被震得颤动起来。

——《观潮》

【导读发现】

为了正确理解文本，设计的导读互动谈话题目务必抓住要点，使之"牵一发动全身"。请看导读设计。作者怎样观察"钱塘江大潮潮水来时"的景象？引导学生理解"留心观察"的内涵。

留心观察很重要。"观潮"关键是这个"观"字。要让学生反复品读、研读，发现观察不只用眼睛，还用耳朵，除了视觉、听觉，还伴随着"心觉"。

眼睛留心观察，作者才会看到浪潮由远及近的浪潮形态的变化：起先"江面还是风平浪静"，过了一会儿，看到"东边水天相接的地方出现了一条白线"。接着，看到"那条白线很快地向我们移来"，紧接着，看到白线"逐渐拉长，变粗，横贯江面""白浪翻滚"，再后来，看到白浪"形成一堵两张多高的水墙"，"浪潮越来越近""浩浩荡荡地飞奔而来"。

耳朵留心倾听——才会听到江潮声音的变化：起初，只听到"从远处传来隆隆的响声"，过了一会儿，听到江潮的"响声越来越大"，再后来，听到大潮响声"如同山崩地裂"。

还要用心感受——观察要伴随着思考，才会想象到起先江潮响声"好像闷雷滚动"，大浪更近时，想象到浪潮"犹如千万匹白色战马齐头并进"，感觉到"好像大地都被震得颤动起来。"

【读写迁移】

1. 确定结合点。

老师根据教材特点，发掘可供学写的因素。记得教《观潮》备课时，我发现文本可供导写的知识不少，但是，不能贪多，斟酌再三，最终敲定教学导学以事物发展变化为序，以"一场大雨"为题，写一篇小练笔。

2. 练笔导航。

设计练习卡——写前思维热身：再默读《观潮》第二、三、四、五自然段，找到相应的描写钱塘江潮水声音和浪潮样子的词语，认真填练习卡在横线上。目的是回忆《观潮》作者的写作思路和描写方法，以阅读促写作，为写《一场大雨》练笔做铺垫、引路。

课文引路　　潮声、大潮样子	迁移运用　　雷声、雷雨样子
⇩	⇩
大潮来前＿＿＿＿＿＿	雷雨来前＿＿＿＿＿＿
大潮来时＿＿＿＿＿＿	雷雨来时＿＿＿＿＿＿
大潮过后＿＿＿＿＿＿	雷雨过后＿＿＿＿＿＿

学生汇报"迁移运用"的填空部分内容后，开始写作。请看练笔展示：

【精彩欣赏】

突如其来的雷雨

薛　明

暑期的一个周日，刚吃完午饭，天色渐渐暗下来，透过窗户，我看到天阴沉沉的，布满乌云，对面高楼都模糊不清。天气预报果然很准，午后会下雷雨！

又过了一会儿，传来一阵阵"轰隆隆……"震耳欲聋的雷声，一道闪电划过长空,"哗哗哗……"雷雨下起来啦!一阵急雨像筛豆子似的打在树叶上"哗哗"唱歌,敲在小区休闲亭顶铁板"叮咚"直响。雨越下越大,窗外仿佛在演奏雷雨交响乐。雷雨瓢泼似的倒下来,天地间,像挂着无比宽大的雨珠帘。听不到蝉鸣,鸟儿吓得不知到哪儿躲雨去了。

大雨下了约半小时,窗外恢复了平静。也许雨下累了,渐渐小了,最终停了。雷声消失了,天空慢慢亮了。我打开窗户,看到大树静立不动,湿答答的树叶还在一滴一滴地掉落雨珠,空气变得清鲜了。我从阳台俯瞰楼下,雨水沟里注满浑浊的水,我盼望着再听到小鸟动听的歌声。

这篇小练笔作按"雷雨前""雷雨中""雷雨后"的顺序写,写了雷雨前——天空及大地的情景;雷雨中——打雷和下雨的情景;雷雨后——天地间恢复平静的景象。学生读写迁移,思维仿中有创。所以我想到老师必须备读写知识结合点,"文为我用""用中求变",在阅读教学中,自然"渗透"写作知识教学。这样读写相融,一课一得,充分发挥文本的读写引领作用。

这种渗透性指导,涓涓细流,学生可"零存整取",日积月累,就会吸收、积累许多写作知识营养。习作时,则运思走笔,左右逢源,收到事半功倍之效果。诚然,在运用这种渗透式教学法时,要注意——

有针对性——要针对本班习作各个阶段进展的情况,找准读写结合点,切忌盲目性。

有计划性——要根据教材本身的特点,就本拓源,循"文"开渠,有计划地安排渗透习作能力培养,避免随意性。

有层次性——要从语言到选材,由选材到构思,由相对单一到相对综合等等,不断提出新要求,不断激发表达欲愿,有层次地渗透各项写作能力培养,克服无序性。

总之,在阅读教学中渗透写作能力训练,教师常教不息,学生常学不懈,习作教学之水定会长流不涸。

(三)导写指向写作的笔记

1980年代中期,我开始意识到,要把教材变学材,从教材中挖掘写作的"金矿",引导学生从课文学习作,撰写了系列引导学生"从读学写"小品文,刊于《小学生周报》，反响很大。

此后，我全力引导学生人人从课文里发现写作因素，向课文学习写作营养，把课文当作习作例文，布置学生写开放式"向课文学写作"读后笔记的作业。

这种笔记，老师要做思路开拓，要求"四不"：一是向哪一课学习写作知识不规定；二是学习哪一项写作知识不限制；三是所写的内容长短字数不统一；四是笔记方式不讲究。

实践结果，学生所写的"向课文学写作"笔记内容各式各样。有机会听我讲座的语文骨干老师，现场浏览了我学生写的部分"向课文学写作"笔记后，十分惊讶。下面引用学生写的部分笔记标题，可见一斑——

描写动物特点，表现可爱
　　——读《珍珠鸟》学写作

用词妙，表现美
　　——读《白鹭》学写作

学习心理细节描写
　　——读《穷人》谈写作

对话要写得妙
　　——读《"精彩极了"和"糟糕透了"》学写作

描写景物衬托心情
　　——读《草原》的收获

细节描写贵在"细"
　　——读《慈母情深》有感

写景物表现情感
　　——读《桂花雨》写作收获

学习人物动作细节描写
　　——读《我的伯父鲁迅先生》有感

限于本书篇幅，下面只晒出一则"向课文学写作"笔记实例，与一线老师分享。

从课文学习点题
——读《鸟的天堂》的收获
池　清

这篇课文是描写景物的。读了这篇课文，我们会问：课文为什么叫《鸟的天堂》？

学完课文，我发现"鸟的天堂"是一株大榕树。它的"树叶真绿得可爱"，"那么多的绿叶，一簇堆在另一处上面不留一点儿缝隙。""似乎每一片绿叶上都有一个新的生命在颤动。"所以我知道文中的"天堂"就是大榕树。

这样的大榕树，鸟儿当然喜欢"在树上做巢"，成了鸟儿们最好的栖息地，所以大榕树就成了"鸟的天堂"。于是我知道了为什么课文题目叫《鸟的天堂》，明白了给习作拟定小标题要切题、简明。这是我学习这篇课文的第一个收获。

我还发现文章中"鸟的天堂"一共出现五次——

第一次，听"朋友说这里是'鸟的天堂'。"第二次，作者没有看到一只鸟，于是他不禁心里想"鸟的天堂"里没有一只鸟。第三次，第二天，他们要到朋友的家乡去，从学校出发，"又经过那个'鸟的天堂'"。第四次和第五次是在课文最后一句话里读到的："昨天是我的眼睛骗了我。那'鸟的天堂'的确是鸟的天堂啊！"

我琢磨着文中五次提到"鸟的天堂"，是作者有意安排的。一个用意是为了表达作者喜爱"鸟的天堂"——"正在茂盛的时期"的"美丽的南国的树"的情感；另一个用意是作者感到鸟儿们在这样的"大榕树"上筑巢、栖息、嬉戏、繁衍，生活自由自在，表达了喜悦之情；第三个用意，是与文题《鸟的天堂》相呼应，能自然地起了点题的作用。

这让我知道写习作时，必须围绕题目写，还要在文章中适当点题，让文章内容与题目相呼应。这就是我学习《鸟的天堂》收获。

从学生所写的学习课文后的写作收获，我得到几点启迪：一是学生的收获，是他们个性化阅读的结果；二是学生写这样的收获，是他们阅读后"带得走的东西"；三是可以看出学生写"指向写作的阅读收获"，必须对课文深入再学习。这样创意导学，读与写有机对接，以读导写，以写促读，相辅相成，自然地架起了读写结合的桥梁。引导学生写阅读收获笔记，可以增强从读学写的"写作意识"，提高写作能力，老师们不妨一试？

（四）妙借教材练写作

读写式导学可以巧借课文，设计如下练笔：①课文新颖句式学一学；②课文精彩片段仿一仿；③利用课文插图练一练；④课文概括之处扩一扩；⑤课文空白之处补一补；⑥巧借写景课文游一游；⑦利用课文结尾续一续。下面，以"利用课文结尾续一续"为例，谈谈如何妙借教材练续写。

有些课文的结尾，读后会让人遐想无穷。教学这样的课文后，我启发学生设想几种不同的又符合原文事件发展的情节。如，六年级上册《穷人》这一课，当桑娜知道丈夫也非常同情西蒙的两个孩子时，只用一句话做结尾："桑娜拉开了帐子。"这句话，无声胜有声。

此句余言未尽，可以让学生展开想象。我提出问题，启发学生思考：当桑娜拉开了帐子时，渔夫当时可能看到什么？想些什么？然后，以《桑娜拉开帐子以后》为题，让学生当场进行续写。这种续写练习，因为篇幅短小，又有课文为依据，所以学生写起来难度不大。试看学生一则练笔——

桑娜拉开了帐子，渔夫疑惑地走近床前，呵！在昏暗的油灯光下，他看到床铺的一头露出两个可爱的小脸蛋。一只白嫩的小脚从破棉絮的洞中穿了出来。渔夫凑上前，俯身贴近了他们的脸，亲了亲他们的额头，顺手轻轻地把露出的那只脚盖好，久久地望着他们，好像很久没有看到自己的孩子似的。

然后，又显出很为难的样子，沉思了片刻，眉头皱锁更紧了：他不忍心这可爱的孩子，在还不懂事的时候，就饱尝了人间的苦水……

与此同时，原来忐忑不安的桑娜，也靠近床边，同情地用母亲特有的慈爱的目光，望着酣睡的孩子，又望了望渔夫憨厚的脸，欣然地笑了。

——六年级　刘淑华

这篇续写，小作者以课文提供的材料为依据，创造性地想象了"桑娜拉开了帐子以后"的有关内容，所叙述的内容，渔夫和桑娜的神情表现与原文情节一脉相承，非常自然。

续写课文是改写练习的一种，进行何种改写练习，也要备课，心中有数，心中有"底"。这种改写练笔，阅读是前提，改写是手段，培养学生创造力和想象力，提高学生读与写的能力，才是目的。这样的改写重在"创造"，也必须有"规"可循。这个"规"是：

1. 创造的部分内容要有根有据，合情合理。
2. 创造的内容必须和原文的主题、表达的中心相一致。

老师要发掘课文改写因素，训练改写，读和写互补，互相渗透，紧密结合。这样既可以加深学生对课文的理解，还培养了学生的思维和写作能力。学生的创造力，在这样的读写实践中，得到发展。应当说开发和利用课文资源，进行创造性的读写训练，也是一步妙棋。

例谈二 系列式导写策略

【习作能力导学点】——学习多角度描写高兴心情

习作教学低效的原因之一是：阅读与写作缺乏系统性、缺少系列训练，往往是各顾各的教学，以写人为例，到底三年级与六年级有何不同要求，学段之间缺乏联系，大系统与小系统之间关系没有厘清。

理发要连片按顺序理，播种要连片有序地插秧，成片种树绿化才会成林。同理，写作知识最好要系列训练，才会呈现效果。

（一）描写心情高兴系列

许多小朋友的习作中，表达高兴心情时，常常写"我太高兴了"。至于怎样高兴，没有写清楚。老师必须适当引导，给学生写作铺路架桥。具体训练方法如下——

学生打开高兴原因的思路后，老师要指导学生进行多角度描写，逐步有计划地进行系列化训练。高兴表现的状态因人而异，因时而异，因事而异，因地而异。老师要让学生回忆生活，各抒己见，忆童年、谈发现、说感受、讲体会，引导学生从以下几方面，表达如何"高兴"。

1. 描写"心觉"，表现高兴。

有些同学性格内敛，会把高兴藏在心里。请看练笔例段——

没想到我数学第四单元考居然得了99分。我暗暗高兴：嘻嘻！这可是我上四年级以来，数学单元考试最高纪录，这真是"破天荒"呀，怎能不高兴呢？哈哈，99分，99分，离一百分只差一步之遥啦！我可不敢在同学面前太张扬，只是在心里偷乐着，美美地想：要好好庆祝一下，回去告诉爸爸妈妈，让他们也乐和乐和一下。这样想着，自我陶醉在喜悦之中。

——五年级 于敏华

这是小作者因为考了 99 分的好成绩而高兴，又因为性格内向使然，不敢"太张扬"，所以把高兴埋在心里了。

还有，高兴时心里会特别舒畅，吃东西会特别有味，做事情会格外顺利，这其实也是藏在内心的感觉，简称"心觉"。请看学生训练片段：

这天晨会，班主任钱老师一上课就表扬我："赵宏同学值班很负责任，一来到教室，就检查卫生，排桌椅，清理黑板槽。大家要向他学习，鼓掌！""啪啪啪"教室里立刻响起一阵掌声。此时，我像吃了蜜一样甜滋滋的，高兴得都有点不好意思了。被表扬的感觉真好，上课时，我觉得更有精神了；老师讲课，我听得特别入耳，思考问题也格外用心；课堂练习做得特别顺利；下课了，老师的表扬还在我耳边回荡……

——五年级　赵珍宏

内心感觉比较好写，赵宏同学写了听到表扬后，那一刻甜蜜的感觉很真实自然。

2. 描写神态，表现高兴。

有一个成语叫"喜形于色"，就是说人一高兴，就会显露在外表，常常会表现在脸上。所以老师可以引导学生描写高兴时的脸部表情。请看——

今天早会课，钱老师表扬了我的同桌："同学们，老师发现张旭同学最近语文作业书写有很大进步！"说着，老师还扬了扬手中的作业本。同桌听了，别提有多乐啦！瞧，"高兴"写在她脸上呢！她满脸挂着笑容，嘴角微微往上翘着，此时，她那对浅浅的酒窝，更明显了。她眼睛忽闪忽闪的，笑眯眯地望着钱老师，好像说谢谢老师的鼓励。作为同桌，我在心里为她喝彩！

——五年级　刘　露

学生尤其喜欢老师的表扬。刘露同学描写张旭听到表扬时，满脸笑容、嘴角上翘、明显的酒窝、忽闪的眼睛等这些表情，很能反映同桌此时高兴的心情。

3. 描写行为，表现高兴。

有些时候，从人物体态动作上也能看出心情高兴。请听下面一段练笔：

负责拔河比赛的裁判员郑老师大声宣布："五（1）班胜出！"我们班的同学高兴劲儿真的无法用语言形容。瞧，场边的啦啦队员一窝蜂似的拥进了场内，有的振臂欢呼，有的互相拥抱。我呢，把手中的小红旗抛向空中。参加拔河的队员更是激动无比，笑啊，叫啊，蹦啊，跳啊，击掌啊，连挂在脸上的汗珠也顾不得擦去。班主任钱老师也掩饰不住喜悦之情，频频朝我们班参加拔河的运动员伸出大拇指……

——五年级　曾　鸣

曾鸣同学写了五（1）班拔河获胜时，啦啦队员、参加拔河队员、钱老师表现在行为上的高兴状态，很能说明此刻大家的喜悦之情。

4. 巧借景物，表现高兴。

还可以间接表现高兴：高兴时，因为心情舒畅，看见什么会特别顺眼，做什么会格外顺利。老师要引导学生巧借各种景物描写，衬托"高兴"。

我因为获得市级少年组围棋比赛金奖，受到校长表扬，这半天都好开心。上午放学，出了校门，我径直朝家里走去，到了小区门口，看到那几盆鲜红的鸡冠花，似乎列队迎接我放学归来；进了小区，绕过花圃，听到树上小鸟叽叽喳喳欢叫着，仿佛为我歌唱；到了家里，小猫咪立刻缠着我喵喵喵叫个不停，好像为我高兴……

——五年级　陈晓荣

陈晓荣同学回忆自己获比赛金奖被表扬，高兴心情不言而喻，借鲜红的鸡冠花、树上小鸟叫声、家里小猫的欢叫，衬托喜悦之情，富有童趣。

5. 综合描写，表现高兴。

学生随着年级升高，要逐步学会从单项到综合地描写心情。例如：

数学老师布置了一道课外数学思考题，我左思右想，终于攻下了这道奥数级的数学难题，忍不住从座位上站起来，乐得挥臂欢叫着："我算出来啦，我算出来啦！我太高兴啦！"教室里的几个同学，吃惊地向我行注目礼，纷纷围过来看我怎么解答难题。他们看到我解答得正确而简洁，夸我厉害。哈哈哈，终于证明我可以攻下数学难题啦！我心里比吃了一罐蜜还甜。

——五年级　任　洁

这段话写了小作者因为经过努力，"攻下了奥数级的数学难题"而高兴，既写了看得见的动作，也写了听得见的语言，还写了看不见的心理感受，从三个角度写高兴的心情。整段话只出现一次"高兴"二字，却让读者从字里行间品出高兴的味道，这就是语言的魅力。

附：板书——

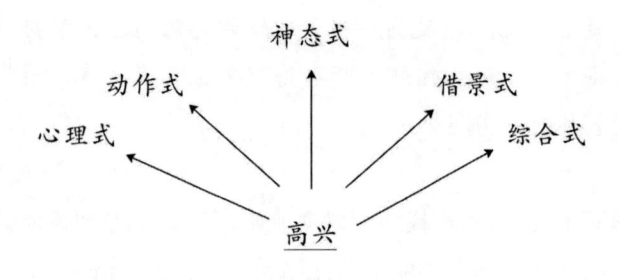

```
        神态式
  动作式  ↑  借景式
    ↖  |  ↗
心理式 ←  → 综合式
       ↑
      高兴
```

(二) 描写童趣系列

什么是童趣？童言写儿童自己的话，具有儿童特点的话；童情抒发儿童自己的真切情感、真实的意思；童心表现儿童内心世界、单纯而可爱的童心；童趣，情趣、志趣、乐趣、好玩、有意思。怎样写童趣？

1. 指导描写童趣。

（1）描写有趣的童言。

有些学生，平常学习生活中，和同学交往中，常会说些很有童趣的话，可是写文章时，要么缺少儿童语言，要么照搬别人文章中的原话。老师要启发学生，用笔倾吐心里话，写的话要像儿童的话。如：

春节的一天，许多亲戚朋友到我家聚会。妈妈拿出橘子招待大家。我五岁的表弟特别天真，他看到表叔拿起橘子剥开，取了一瓣就往嘴里送，对表叔说："表叔，表叔，你吃橘子怎么没洗手呀？幼儿园阿姨说了，吃东西前，不洗手，不卫生，不是乖孩子。你不乖，你真不乖！"

——五年级 童晓华

这是写表弟对表叔说的话，显得幼稚、天真，但是说的话是对的、是真的，很像小朋友说话的语气，小朋友说话的特点跃然纸上。再看下面一则日记：

我超级怕写习作。每次学校老师布置周末习作时，我都很想大声尖叫："讨厌，又写习作！"这是因为我见到习作脑袋就大，老师批评也没有用，我根本不知道写什么，怎么写才好，常不想写，拖到最后随便涂几个字了事，甚至还缺交过好几篇习作呢！

现在不同了，参加钱老师习作兴趣班，老师一启发，我觉得习作好写多了。钱老师上课形式多样，内容有趣，丰富的表情，生动的语言，深深地吸引着我。我眼睛都不想眨一下，生怕一眨眼的工夫，就会失去一个很有趣的镜头，多可惜呀！下课了，觉得时间过得太快啦！

——五年级 蔡圣岚

这一段话是作者写自己过去怕写习作，不爱写习作，因而缺交习作的事，真实可信，很像一个怕写习作孩子的真心话。后来喜欢上钱老师习作兴趣班，认真听讲的情景，写得也很真实，像儿童说的心里话。

（2）描写可爱的表情。

孩子们的表情特别有趣，老师可启发学生抓住有趣的表情写出童趣。如：

我的表妹特别有趣，刚刚还笑呵呵地扔可乐瓶子玩呢，扔了捡，捡了扔，自娱自乐，突然，瓶子不知怎么滚到衣橱底下不见了。她马上趴在地板上找，找不着瓶子，气得直跺脚，脸涨得红红的，嘴一撇，"呜呜呜"地哭起来了。接着，眼泪哗啦啦地顺着脸颊流下来，她也不擦一下，看着怪让人心疼的。真像大人所说的"孩儿脸像六月天，说变就变"。

——五年级 于华红

这段话把表妹从"笑呵呵"到"呜呜呜地哭起来"，表情变化写得逼真、细腻、有趣。

（3）描写幼稚的举动。

儿童的举动往往会让成年人觉得幼稚可笑。老师可以引导学生观察描写儿童有趣的行为举止。如：

自从发现小区花圃里石缝边有一群蚂蚁爬来爬去，我周末有空就去那里玩。蚂蚁喜欢吃甜食，我把一块奶糖放在蚂蚁出入的洞口。一会儿，我看到先是几只蚂蚁在奶糖周围爬来爬去。过一会儿，我看到来了一大群蚂蚁，它们搬不动糖块，就趴在糖块上挤来挤去吃糖。我有时故意把糖块搬远一点，有时吐口水，想淹住它们，逗它们，看到它们在口水里不停地挣扎，感到又好玩，又同情。

——五年级 江大卫

孩子的内心世界很奇妙，只有孩子，才会这样入迷地久久地逗蚂蚁玩。这样的举动富有童趣，富有诗意！放飞童心，才能写出童言稚语，表达童情。

（4）描写天真的心理。

孩子有孩子的心理活动，启发他们如实地吐露心声，轻轻地拨动心弦，也能听见童音，展现童趣，表达童情。如：

我好喜欢可爱的表弟，可是表弟又不在身边，好想、好想表弟。于是，一个周五晚上，我想了个馊点子：缠着妈妈故意撒娇说，太想表弟了，借口说老师布置周末写周记——要写熟悉的人，我准备写表弟，让妈妈打电话叫表弟周末来我家玩。妈妈禁不住我软磨纠缠，又不知情，最后，爽快地答应了我的乞求。哈哈，我会如愿以偿见到表弟啰。嘻嘻！妙计妙计！

——五年级　姚金敏

童心的世界是五彩斑斓的，大人难以预测，谁知道为了想见表弟，小小年纪竟会想出习作要写表弟这样美妙的计策，既能见到表弟，了却思念表弟的愿望，又能完成周末写人习作。

（5）综合描写童趣。

童趣，因人而异，因时而异，因地而异，因事而异。有些时候，有些学生在学校唯唯诺诺，在家里却大大方方；此地不敢做的事，在彼地却大胆展现。请看例子：

……

"志宏，这叶子多像小船呀，我们把它摘来玩，好吗？"许谦同学问。

"好的！"我乐呵呵地应道。

于是，我们顺手摘了一片椭圆形的叶儿，双手捏住叶子两端，小心翼翼地放到溪面上。我看到叶子在溪面上打了几个漩，然后顺流而下。我们正拍手欢叫："好啊，好啊！"忽然"啪"的一声，叶儿被打沉了。我俩同时抬头一看，又是那个调皮鬼俞怡同学干的好事。我假装要追打他，他跑了！我心疼地把沉在溪底的叶儿捞出来，甩干翻过来重新摆好，它又在溪面慢慢打转儿，继续向下游漂去。我们追逐着，不舍地目送它漂哇，漂哇，漂向远方……

——五年级　李志宏

在大人看来，一片树叶有什么好玩的？可是在秋游特定时间里，在野外特定环境里，在小溪旁边，儿童就会突发奇想。在他们眼里，那一片树叶就可能像一条小船，甚至一艘军舰。叶子在河里漂流，就像小船在河里行驶，像在大海上迎风搏浪。所以叶子沉了，会"心疼"，就捞起叶子"甩干"后，再次放到溪面，让叶子重新"起航"。她们陶醉于儿童世界里，于是笔下流出充满儿童情趣的话,让读者会追逐小作者眼中漂向远方的"小船"。

2. 扩展描写童趣思路。

(1) 因无知产生的童趣。

小孩子因为知识面窄,见识少,经历少,做错事,会闹出笑话。如:

中午,我趁着表姐睡觉时,蹑手蹑脚地从表姐的包里拿出胶卷,准备偷洗照片。我想:洗照片跟洗衣服不一样,要用热水洗。来到阳台,我掏出胶片,展开来一瞧,黑乎乎的,只能看到模模糊糊的影子。心动不如行动,我拿来热水倒入脸盆中,加入冷水,把胶片放进盆中。接着,我双手并用,左手固定住胶片,右手学着妈妈洗衣服的样子使劲搓洗,把正反面都洗了个遍,可是一张照片都没洗出来……

——五年级 李辉煌

谁读了这段话都会忍俊不禁,儿童对大人说的"洗照片"的"洗",误以为就是"洗衣服"的"洗",于是乎闹出了笑话,结果他表姐一定会哭笑不得。这是因为无知弄出了笑话。

(2) 因糊涂产生的童趣。

因为糊涂,日常丢三落四,常遇倒霉事,在儿童看来不是大事,却是难忘的童趣。请看这位同学笔下的糊涂事:

"请把抄写作业交到我桌面上!"我刚跨进教室,就听到学习委员的声音。我立刻放下书包,打开来,翻找抄写作业本。咦?怎么不见了!翻来翻去,找,找,找!每个夹层都找过了,就是不见它的踪影!糟糕,真糟糕!心越急越找不着,我索性把书包翻过来,"哗啦啦"倒在桌面上,一本一本地翻过,依然没有!倒霉,我倒霉!我拍着脑瓜,心里骂自己:糊涂,够糊涂!该,该写说明书!谁叫你上学前不检查一下书包呢?

真后悔自己这个糊涂的毛病!

——五年级 陈 鹰

老师经常会看到交作业时,有些学生的窘态:翻找作业,急得冒汗,自认倒霉。这位小作者把自己找不到作业的窘态描写得很细腻,着急、自责、后悔,各种情绪生动地展现在读者面前。这样真实的童言要肯定鼓励。至于糊涂的毛病,相信学生接受教训后,会加以改正。

(3) 因贪念产生的童趣。

喜欢吃的食物对孩子非常有吸引力，大哭的时候，不高兴的时候，不顺心的时候，只要用他（她）喜欢品尝的食物逗他（她）玩，给他（她）吃，就会马上变开心。还有的孩子对喜爱吃的东西老惦记在心里，有时，家长因为担心孩子吃多了诱人的零食会生病，把零食藏起来，孩子会偷偷地想方设法找到喜欢吃的零食。这就是孩子的心理特点。请看练笔片段：

我特爱吃巧克力，妈妈不让我多吃。记得有一天晚上，我在灯下写作业都没心思，老是惦记着饼干盒里的巧克力，时而侧耳听听脚步声，想打开食品柜偷偷拿一块吃，时而想去瞧瞧妈妈在做什么，越想心越痒，但是都不敢去拿……过了好一阵，实在忍不住啦，鼓足勇气悄悄地打开食品柜门，小心地从饼干盒取出一颗巧克力，快速剥去包装纸，把纸揉成一团扔进字纸篓，很快把巧克力放进嘴里，啊，真好吃！巧克力的美味实在令人陶醉，可是埋头做起作业时，心里老是忐忑不安……

——五年级 郑 融

小作者把他爱吃巧克力的心理举动写得多么有趣，表达得多么细腻！

（4）因害怕产生的童趣。

小孩子因为犯了错误，会怕老师批评；因为做错事，会担心家长责骂；因为考试准备不充分，害怕考不好，家长会批评，他们会想办法应付，减轻心里的压力，会做出许多有趣的举动来；因为胆小，一个人待在家里会害怕。请看小练笔：

幼小时，保姆说再哭闹，就把我关到黑屋里。我以为黑暗一定好可怕，从此，晚上就怕黑。一天晚上，爸爸妈妈要去探望一位病人，我一个人在家做作业。我表面没说什么，心里很恐惧。听到他们关了入户门，我一下子从椅子上弹起来，到各个房间关紧了所有窗户，再把所有灯都开起来，连洗手间、厨房的灯也不例外。每个房间都亮堂堂的，哈哈，这样，灯光通亮真好！可是，我又觉得太安静了，要弄点声音，对！打开电视的音乐频道，瞬间，电视机里传来动听的歌声："红星闪闪放光芒，红星灿灿暖胸怀……"

啊，有灯光给我作伴，有歌声为我壮胆，我可以放心写作业啦！

——五年级 章 蕾

小作者因为小时候阿姨说不听话要关到黑屋里，留下心理阴影，特怕黑。所以爸爸妈妈不在家时，她关了所有的窗户，打开所有的灯，打开电视音乐频道。这一系列举动都是为了给自己壮胆，这是因为害怕而产生的童趣，作者写得多么有意思！

(三) 心理活动描写系列

写人或写事的习作，有时需要描写人物的心理活动，反映人物的精神面貌、性格特点和思想品质。人在做事情的过程或在做完事情之后，听到表扬、批评；或者看到某些事情后，常常会产生心理活动。还有一种是单纯的内心思考过程。心理活动写描思路范式是：引用说话内容＋过渡语＋心理活动内容。

1. 积累心想的过渡语和提示语。

积累心想的过渡语：

他的话热乎乎的　　　　他的话说得有道理
他的话酸溜溜的　　　　他的话让我怪难受的
他的话像一股暖流　　　他的话说到我的心里去了

积累心想的提示语：

思索　思考　寻思　深思　沉思　琢磨　猜测　凝思
心潮起伏　思来想去　左思右想　思前想后　百感交集
思潮滚滚　思潮涌来　思潮澎湃　思潮起伏　苦思冥想

2. 展示内心思考过程。

有时候，思考时间比较长，可能过程没那么简单，甚至要反复思考。比如：思考数学难题，思考难猜的谜语。老师可以出一些儿童谜语让学生猜，然后把猜谜的思考的过程如实地写下来。请看一位学生写的猜谜思考的过程：

看到"小河没水，大河干"这个谜面，我思考着："小河没水"，是不是把"河"字去掉"三点水"？如果是，"河"字，就剩下"可"啦；如果"大河干"也表示"河"字左边没了"三点水"，也只余下"可"了；什么字由两个"可"组成的呢？对呀！两个"可"不是可以组成"哥"字？我们平时写"哥"字，上面"可"写小一些，下面"可"要写大一些。我不断地对自己说：对，对对！谜底就是"哥"字，我猜想肯定没错。没错！哦耶！

——五年级　徐　辉

这段话写了思考谜底的三个过程：一是谜语的前半句的意思，二是谜语后半句的意思,三是思考的结果。这样写,读者就会明白猜谜者是如何"猜"的具体过程。如果只是写"反复猜呀猜"或者"苦思冥想",就太空洞啦!

在写人、记事的习作中,经常需要描写心理活动,除了以上介绍的方法,还有间接描写,也有梦幻描写等。有一点要注意的,有时,不用"心想"做提示语会显得更简洁。

3. 描写心情变化。

世间万象变幻无穷,月有阴晴圆缺,年有春夏秋冬。山峰连绵起伏,有高有低才成奇观;海浪时高时低,起伏不定才觉壮观;山路盘山而建,蜿蜒曲折才觉艰难。人的心情也会随着生活经历而变化,所谓心随景变、心随事变,就是说心情变化会随着外界变化。老师应该启发学生打开思维之窗,引领学生回忆生活,发现心情起伏变化的经历。心情有时起伏变化微小,有时起伏变化明显,大体有如下几种状态:

一是越变越高兴:暗喜——欣喜——惊喜

二是越变越难过:难过——难过——难过

三是呈波浪式起伏变化:

请看学生训练的例段展示:

爸爸承诺本周六上午,带我去新开的游乐场游玩,我好高兴,好高兴。我整周都格外守规矩,免得因为表现不好,爸爸找借口失约。周五晚上,我看到爸爸拿出照相机倒腾许久,估计这回有戏,爸爸一定会陪我玩一次,想到明天可以尽情地玩半天,就更加专心地写作业。突然,客厅里传来爸爸打电话的声音:"喂!林主任,啊?要抢救危急病人!好的,我马上到急救室……"爸爸赶去医院了。

完了,完了,完了!明天去游乐场的事又泡汤了!我情绪低落到谷底,没心思做作业。妈妈好像知道我有心事,来到我身旁:"明天,爸爸可能又要加班。如果这样,我陪你去游乐场玩。"我一听,乐得好像打了兴奋剂一样,大叫起来:"真的吗?太好啦!太好啦!"我赶紧埋头写作业……

——五年级 刘宏志

这段话作者心情呈波浪式起伏变化——

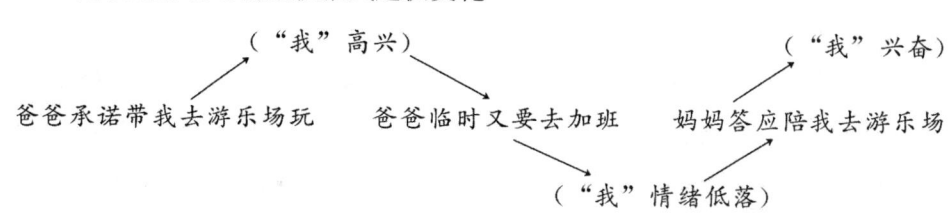

```
              ("我"高兴)                      ("我"兴奋)
             ↗         ↘                    ↗
爸爸承诺带我去游乐场玩    爸爸临时又要去加班    妈妈答应陪我去游乐场
                        ↘         ↗
                      ("我"情绪低落)
```

"我"的心情随着事情变化而变化，行为也随着心情变化而变化，这则练笔写得非常符合生活真实，非常有童趣。写出心情变化，文章就会起伏跌宕、生动感人。老师习作指导时，不能光说空话"要写出变化呀"，而要一步一步引导，启发思路，让学生理解何谓变化，怎样表达变化，才有效果。

很多学生对身边的生活往往熟视无睹，看见了并没有看细。所以训练时，要尽量带学生到现场连续"目睹"，变"无睹"为有意识地近距离"拍摄"系列"照片"。由此想到系列化训练，食物只有连续煮才会"熟"，习作也是如此，只有连续训练才会形成能力；"植树要成片才成林"才显现绿化效果，习作的各项知识"套餐"，只有"练"成系列"片"，才会呈现理想的效果。

例谈三　即兴式导写策略

【习作能力导学点】——学习即兴观察，即兴速写

生活中，不少事情是无法预先料到的，有的是偶然遇见的，有的是瞬间发生的，如果不记录下来，会很遗憾。比如：校园里，偶然会看见低年级小朋友摔倒的瞬间；窗外突然传来阵阵雷声；突然下一阵瓢泼大雨；雨后的天边出现的七色彩虹；蜻蜓、蝴蝶突然飞进教室里……老师引导学生即兴观察，即兴速写，培养学生观察习惯和写作敏感性，大有好处。

（一）即兴速写偶尔看到的美景

我记得这样一件事：有一天，离下课还有十五分钟，我布置学生做课堂练习环节后，一转身，发现同学个个都埋头开始写课堂作业，唯独陈志军同学眼睛直朝窗外望，还在一张纸上画着什么。我立刻朝他的座位走去，向朝窗外望去。顿时，明白了，原来，他被窗外远处一幅云雾缭绕的美景吸引住了。他正在观察与享受这难得一见的瞬间美景呢！

刹那间，我想，这是观察速写的难得机会，立即宣布："同学们，暂停写作业，先看教室东面远处山峰的一幅美景。"

孩子们兴奋极了，立刻拥到教室东面窗户边上，观察晨光下的远山美景。我动员说："这种景色，可遇不可求，机会真难得。大家抓紧时观察，然后，快速把瞬间发现写下来！"说完，我转身在黑板左边写下讨论提纲：

第一，第一眼观察时，看到什么？

第二，眼前景象与往日对比又发现什么？

第三，现场观察，心情怎样？

几分钟后，我简单地指导同学们讨论，即兴观察所得。

生：今天鼓山好特别啊。山顶好像戴了一顶墨绿色的皇冠。

生：这种景象只有在黄山莲花峰看到过。山腰一圈白雾好像绑着宽宽的腰带。

生：前几天，天阴沉沉的鼓山被云雾包围着，什么也看不见。

生：真想把这难得遇见的美景拍下来，可惜没带相机。

我说："现在立刻把瞬间观察的画面，写在观察日记里。长短不论，但要写出你的真实发现和瞬间感受。"话音刚落，同学们埋头写起来了。

下课了，我收到一份份即兴观察小练笔，也收获了惊喜。仅几分钟，几乎每人都写了120字左右的片段，且篇篇充满灵气。这是命题习作难以见到的。请看下面一则观察日记——

第一节上语文课时，我无意中朝窗外望去，呀！好美丽的一幅景象扑入我的眼帘。远处，被云雾锁住多日的鼓山，今天，终于掀开乳白色的面纱，露出它往日的英姿来。不过，山间依然云雾环绕。此时，露出的那个峰顶，就像一顶呈"山"字形的皇冠,飘浮在云雾之上。在阳光的映照下,那巨大的皇冠顶上,那缓缓流动的云雾仿佛染上一层淡红色的光彩。我真希望这美景远不消失,更希望和这美景合个影,让它永久珍藏在我的童年相册里!

——五年级　陈志军

在单元习作中,这样即兴速写的语段,一般读不到。这是一份临时生成的作业,但学生却没有心理负担。究其原因,是学生被这难得一见的美景所吸引、所打动,所以自然乐于表达。

(二) 即兴速写难得一遇的情景

小学生经常会遇到意想不到的小插曲,在校期间有时会遇见意外的事情:比如,在走廊上有同学意外摔倒,教室里突然有同学呕吐,升旗仪式上有人晕倒。上课时,也可能发生意外。请看下面我亲历的情景回放。

【情景回放】

记得1980年代中期,1986年3月的一天中午,福州地区下了一场罕见的雪。当时即将上课了,我看到操场上非常热闹,同学们都在尽情地玩雪,无拘无束地呼喊着,欢笑着,奔走着,都想把雪花留住,用红领巾接雪,伸出双手接雪,拉着衣角接雪,手拿报纸接雪,甚至有仰着头,张大嘴巴接雪,真是童心飞扬!此刻,操场成了孩子们的乐园。

我立刻想到,这样的雪,福州市的孩子们难以遇到,难得有机会观察真正的雪景,上课铃声响了,我继续让本班的学生尽情地玩雪。十几分钟后,雪停了,他们依然玩兴未艾,我才催促孩子们回教室。

回到教室,孩子们还意犹未尽,议论纷纷,"人在教室,心在操场"。我说:"这节课,我们写一篇玩雪作文,然后编《雪花集》班级习作选。"

【设计说明】

生活中常常会遇到难得一见的情景,有些事、有些景物,可遇不可求,也许一辈子难得再见到相同的情景。习作教学理念不能僵化,写作训练应当是活化的。写作训练不要局限于单元习作。遇到无法"复印"的生活材料,要珍惜和利用这种偶然生成的教学资源,立即引导学生速写瞬间的情景、瞬间的感受,培养学生及时捕捉写作素材的意识,培养即兴观察生活的习惯。

这种写作训练往往是学生难以磨灭的经历。

【练笔目标】

1. 培养学生即兴观察的习惯。
2. 捕捉瞬间的生活素材的能力。
3. 学习描写瞬间心情的真实感受。

【练笔导航】

心情描写点拨——从未见过下雪的孩子们，初次见到下雪，心情非常激动。要让同学们把观雪时、玩雪中，瞬间的内心独特的感受写出来。

玩雪动态点拨——玩雪时的动态场景要做重点描写，既要描写玩雪的场面，还要选写玩雪时最好玩、最典型的镜头，自己要成为文中的"点"，做到有点有面，反映玩雪时动态的立体画面。

习作思路点拨——即兴写一篇玩雪作文。全班同学的作文写得特别好，后来编辑了一本名为《雪花》的作文集。下面就是从这本作文集中摘录若干即兴写的片段。

【精彩欣赏】

先看潘凯华同学写的开头——

啊，白雪（片段摘编）

我曾看到飘在画面上的雪，落在文章中的雪，下在屏幕里的雪，然而今天，我第一次看到飘在空中、落在地上的雪。自然非常高兴地从心里欢呼：啊！白雪，南方的稀客，我们热情地欢迎你！

这样的开头就不平常！福州的孩子的确难得见到下雪，平常只能见到"画的雪"，读到"文字写的雪"，看到"屏幕里下的雪"。而今天，看到"飘在空中、落在地上的雪"，这可是真真切切的雪，是"南方的稀客"啊，因此，小作者从心里欢呼："我们热情地欢迎你！"这样抒情式的开头，是儿童盼望见到天空下真雪的童心"视界"的真实反映。

郑霞同学眼中的雪景多么美——

第一次看到真雪，无比激动，我看到空中飘下来的雪像小银珠，像小雨点，像柳絮飞花，纷纷扬扬为我们挂起了白茫茫的天幕雪帘。抬头透过稀疏的雪帘望去，那远处的高楼大厦，若隐若现，好像在雾中，宛如在云里，显得特别好看。

再看杜敏同学写操场上同学们及自己玩雪的情景——

……校园里沸腾啦!像欢庆一年一度的元旦、春节和六一节那样,同学们欣喜若狂,三五成群地接雪花儿玩:有的用围巾,有的用帽子,还有的用手掌。只见圆圆的雪珠儿,小小的雪花儿,薄薄的雪片儿,轻盈盈慢悠悠地飞扬、飘落。

我仰起头,张开嘴巴,伸出舌头,去舔那雪花的滋味。说它像白糖,却不甜;说它像盐晶,却不咸。一阵风吹过,无数温柔、细腻的"小雨点儿"向我身上亲热地扑来。这时,有几颗小雪珠钻入我的脖子,那么清凉,使人顿时觉得心旷神怡。我伸出双手好像迎接久别重逢的朋友一样,许多雪花落在我的衣服上,我伸出手去接雪花,希望她在我手上、衣服上多待一会儿。啊,白雪晶莹如碎玉,我想把她们留住,可是转眼间不见了,只化作衣服上的斑斑湿点。

最后,再读吕小龙同学写的抒情式结尾——

啊,南方的雪,你来也悄悄,去也匆匆。我感到很惋惜,可你那短暂的生命却给我留下了深刻的印象。啊!白雪姑娘,你给人们带来不寻常的情感——亲睦,喜悦,赞叹……

这就是孩子们心目中的飞雪。短暂的一场雪,学生用文字速写在纸面上,却远久地刻在他们心中。

本次练笔,学生只用 20 分钟,平均写了 380 字,三分之一同学写了 500 字左右。当时,恰好有编辑需要习作稿,我选择五篇寄往少儿刊物,全部登在《同题习作》专栏中。编者在按语中说:放飞的童心与罕见的飞雪融为一体,习作充满童思、童情。

由此,我想:如果不让学生亲临难得一遇的雪景,放飞童心,尽情玩雪;如果当时墨守成规,让学生回班,照常上语文课;如果因为单元没有要求写这类习作的内容,而放弃即兴速写训练,该有多么遗憾!

(三) 即兴速写巧遇的情景

生活中,会遇到意想不到的小插曲。比如:蝴蝶突然飞进教室里等。课堂上蝴蝶飞进教室引起学生骚动、嬉闹、追逐、欢笑、议论，这是课堂偶然生成的"小插曲"，是无法刻意彩排的生活小品剧，是习作活素材。

说到蝴蝶，它曾经突然"造访"教室，当时课堂一片沸腾，我灵机一动，果断改为观察写作。至今记忆犹新。请看下面的案例回放。

【练笔目标】

1. 现场观察蝴蝶飞舞姿态和同学们快乐的场面，捕捉瞬间的有趣画面，描写蝴蝶飞进教室后，观察到的蝴蝶飞舞的动态和同学们无比兴奋的场景。

2. 每位同学和蝴蝶说句话，然后以蝴蝶突然来访为话题写一篇习作，表达瞬间内心的真实感受。

3. 学习点面结合的写作方法。

【情景回放】

1. 两只蝴蝶来访。

记得接任四（1）班不久，我发现学生选材和组织材料的能力比较薄弱，于是，我精心准备了一节选材能力训练课。

一天，我跨进教室师生问好后，就宣布今天上课的任务与训练目标：学习选材和组织材料。

我转身在黑板上画荷花简笔画，才画几笔荷花叶子，突然，身后转来了欢叫声："蝴蝶，蝴蝶，蝴蝶飞进来了！"教室里传来一阵阵骚动声……我转过身来，发现果然教室里来了不速之客——两只花蝴蝶。它们正在教室上空翩翩起舞，同学们情不自禁地叫着，笑着……

2. 观察生成"绘本"。

真是无巧不成书！按原来既定的方案来上课，估计效果会大打折扣，我突发奇想：与其把蝴蝶赶走，让同学们收心上课，不如利用这意外生成的生动的教学资源，让学生观察蝴蝶来访的场景，进行现场捕捉选材能力训练。于是，我决定放弃原先设计的上课程序，指导学生观察蝴蝶上下翻飞的情景，进行现场观察写作训练。

我说："同学们，蝴蝶来参观大家上课，请大家热烈鼓掌欢迎小客人的到来！请同学们暂时把窗户和教室前后门都关上，让我们好好观察蝴蝶，然后围绕'蝴蝶来访'写一篇习作，好不好？"

"好！好！"习惯于上常规课的同学们，对这个违反常规的决定异常兴奋，立刻欢呼雀跃起来。

"同学们，为了更好地观察，听老师说几句话。"同学们安静下来了，我顺势进行了必要的现场观察指导，"第一，注意观察两只蝴蝶飞舞时，各种姿态，细节动作。第二，细致观察两只蝴蝶的色彩及微妙区别。第三，关注周围欢呼雀跃的场面。第四，注意自己此时此刻的快乐体验。"

我刚提醒完观察的要点，教室里又是一片欢叫声，几个同学大叫起来："钱老师，蝴蝶！蝴蝶停在您肩膀上了！"

同学们乐不可支！后排同学甚至不顾纪律，跑到前边来想一睹蝴蝶芳容，笑得那么灿烂，有鼓掌的，有拍桌子的……四年级的小朋友，对这可爱的小生灵突然造访，难免充满好奇。此时，他们更加无拘无束地释放童心。看着蝴蝶飞来飞去，我也抑制不住兴奋之情，与他们一同欢乐。大胆的同学几乎忘记了这是课堂，有的干脆离开座位追逐蝴蝶；有的跳跃着伸出手想捉住它住；有的挥动遮阳帽，想罩住它们。

在一片惊叫的声浪中，两只蝴蝶慌不择路，上下翻飞，时而从同学们头上掠过，时而轻盈地直上天花板，时而飞向玻璃窗又敏捷地折回，惹得同学们姿态百出，笑声不止。我看到连最老实守纪的学生，当蝴蝶飞临头顶时，也挥着手中的书本，想拦截它们……

3. 争与蝴蝶谈话。

望着这欢乐的场面，我想：这真是一幕无须彩排的情景舞台剧，我也被同学们的童心感染了。为了增加习作的趣味性、生动性和人文性，我灵机一动，让学生对蝴蝶说几句话，我说："同学们，蝴蝶特地来参观我们上课，机会难得，现在，请大家边观察边思考，和蝴蝶说句心里话。"

说着，我打开了随身带的录音笔，下面是录音回放摘要——

陈静：（第一个发言的是最先发现蝴蝶飞进教室的同学）美丽的蝴蝶儿，我问你，你今天出来玩耍，是不是想来听我们钱老师上课呀？

肖珊：（对蝴蝶招招手）蝴蝶，蝴蝶，我问你，你的家乡在哪里？今天来到教室里，想访问我们，想和我一起上课吗？

江珊：蝴蝶儿，你在教室不停飞舞，是不是想展示你们迷人的舞姿呀？

王虹：（说得更有人情味）对不起，蝴蝶，刚才我伸手想捉你，是因为我太喜欢你，生我的气吗？

陈益民：（眼神追踪对着蝴蝶）蝴蝶，蝴蝶，谢谢你，刚才我们的欢笑声，不知有没吓着你？

邹颖：（向蝴蝶招手）蝴蝶、蝴蝶，我们真想留住你！你明天会再来吗？

蝴蝶还在教室里飞舞，同学们还处于兴奋中。啊，感谢蝴蝶给同学们带来甜美的笑声，感谢蝴蝶让同学们沉浸在童话般的乐园里，感谢蝴蝶为同学们创设了有趣的写作真绘本！

4. 练笔导航，学习选择素材。

经过互动讨论，同学们觉得写作时，可以选择如下素材，但要有所侧重：

（1）蝴蝶在课堂上随意飞舞的情景；写同学们欢呼雀跃的场面时，兼顾写"我"及老师现场的表情。

（2）有选择地写听到的同学们争相与蝴蝶说话的内容。

（3）现场瞬间的心情感受。

板书设计——蝴蝶来访	蝴蝶翻飞	（姿态）
	同学们	（面）
	与蝴蝶说话	（引用）
	"我"	（点）
	老师	（点）

5. 现场速写，蝴蝶飞舞作伴。

阵阵笑声中，同学们各抒己见，我趁热打铁："同学们，蝴蝶并不少见，但是，来教室里欣赏我们上课，这一幕实在难得。现在，愿意写的同学，请拿起笔来，把蝴蝶从飞进教室来的那一刻起，你看到的、听到的、想到的写下来，让别人分享你的快乐和感受吧！"

同学们哗啦啦地拿出习作本开始埋头写作了。教室渐渐趋于平静。

我静静地望着同学们伏案疾书，有的同学写着写着，脸上漾着笑意；有的同学不时抬起头，看看还在教室上空巡逻的两只蝴蝶，又低头写起来；有的同学停下笔来，稍作寻思，又投入写作中……

我蓦然想到：正是可爱的一对蝴蝶给课堂营造了富有生机的学习氛围，它们的造访创造了流动的生活绘本，给这节课带来教与学的活力。蝴蝶在同学们头顶上飞的速度也渐渐地慢了下来，时而停在窗台上稍事歇息，时而分开低空缓缓盘旋，时而又追逐着比翼双飞。

快下课时，我提议："打开教室窗户，让它们飞向天空，回归自然吧。"

窗户全部打开了，两只蝴蝶转了几圈，才从中间窗户飞出去，许多同学拥到窗前，目送它们远去。不知道谁带头欢叫起来："蝴蝶，再见！""再见，再见了，蝴蝶……""哦哦哦"欢呼声连成一片……

近30分钟的现场写作训练，在欢乐的气氛中结束了。我收齐了同学们的习作，回到办公室，迫不及待地浏览习作，惊讶地发现，这次意外生成的写作材料，在同学们的笔下，显得那么鲜活，那么生动，那么有趣。

【精彩欣赏】

……此时，同学们都被两只蝴蝶吸引住了，许多同学离开座位，追逐蝴蝶，叫呀，笑呀，乐不可支。两只蝴蝶一直在我们头顶上飞来飞去，时而分散翻飞，时而比翼双飞，时而飞向左边，时而飞向右边。过了一会儿，它们也许飞累了，先后停在我身边墙上的学习园地里，我趁机迅速观察起来：它们细细的腰身，一节一节连叠在一起，看不到它的眼睛，看不清它的嘴，浅黄带黑色花纹的翅膀，微微一动一动的，触须也一颤一颤地摆动。

我前边的班长呢，他很平静，只是当蝴蝶飞临他头上时，他才稍稍侧一下脸而已，我乐得只顾笑。钱老师呢，竟也像小孩似的，尽情分享我们的快乐……我想：它是不是在看我们学习园地的作业呀？是不是被我们漂亮的作业吸引住啦？我真想问问蝴蝶："今天来访，怎么不事先通知我们呢？好让我带相机来，拍下这令人快乐的一刻，拍下你们美丽的舞姿呀。"

——薛洁如

这种即兴观察练笔，学生不仅收集了写作素材，还培养了随时观察生活的好习惯。

蝴蝶突然造访，搅乱了课堂，打乱了既定的教学设计，同时也给同学们带来了欢乐，无意中为同学们创造了难得、生动的写作素材，笑声中诞生了一篇篇鲜活的习作。

对这样课堂"小插曲"，老师要巧处理，要顺应学生此时此刻的心理需要，才能让学生无拘无束地释放童心、童情、童真、童趣。老师还应当"热处理"，快速做出反应，"趁热打铁"，机敏地开发与利用临时生成的习作教学资源，巧妙地点燃学生思维之火，把意外生成的"小插曲"，化为我用，引导学生即兴练笔，铺展成"大文章"。这是课堂教学细节，也是课堂教学智慧。

例谈四　评改式导写策略

【习作能力导学点】——引导学生学习修改自己的习作

学生对老师批改的习作，基本没有细看，没有反馈。本人以为要提倡和训练学生自能修改习作，修改是习作"训练链"不可或缺的重要环节。指导学生自能修改习作，让修改习作变"嘴上谈改"为"动笔真改"，"落地生根"，谈几点有效的做法。

（一）重说理激趣

在习作教学中，引导学生自改习作是很重要的能力训练，要改变"老师改，学生看"的传统观念，要教给学生修改习作的方法，使学生在修改习作的训练过程中，逐步掌握修改方法，养成修改习作的好习惯，提高习作质量。

1. 动脑筋，晓之以理。

（1）借故事说理。

古今中外许多著名作家都有修改文章的轶文趣事。如，我国古代诗人贾岛"推敲"的典故，著名语言学家朱德熙先生一丝不苟改习作的故事，叶圣陶先生对文章精雕细琢的故事，托尔斯泰改稿的故事等等。老师可以根据小学生爱听故事的心理特点，结合班队会，讲给学生听，把修改习作的重要性和必要性的道理融于这些故事之中。

（2）学名言知理。

名人（主要指名作家与名教育家）关于修改文章的论述不少，其中不乏精辟的见解，我们不妨发动学生利用课余时间，搜集那些浅显易懂的修改习作的名言、警句。比如：

写完后至少看两遍，竭力把可有可无的字、词、段删去，毫不可惜。

——鲁迅

修改是写作的一个重要部分。古今中外，凡是文章写得好的人大概都在修改上用过工夫。

——何其芳

写得好的本领，就是删掉写得不好的地方的本领。

——契诃夫

必须永远抛弃那种认为写作可以不必修改的想法，改三遍、四遍，这还不够。

——托尔斯泰

让学生搜集并学习名人的话，是借名人的嘴来说理，这同样可以引导学生积极参与修改习作。

(3) 看手稿明理。

一是把杂志和文学作品中修改的部分章节的手稿影印件复印下来，让学生参观，使其感受作家如何修改文章。二是展示笔者多年来所写的 100 多万字的部分修改手稿，让学生感受到，老师写文章还要如此精心修改，小学生就更要认真修改了。三是老师平时要注意收集学生修改习作原稿，按年级整理，分册装订，当需要进行习作修改训练时，分发给学生参观、比照、阅读、谈收获，让学生"照镜子"，思齐，向上。

许多学生看了名人手稿影印件、老师修改文章的手稿、校友平时习作的修改稿后，感触颇深。试看一位学生写在日记中的内心独白：

以前，我总认为写完习作交给老师改就完事了，从没有想到要自己改习作，看了过去大哥哥大姐姐改习作的原稿，很有感触，我想：正如老师所说的，只有在游泳中，才能学会游泳。更没想到，老师自己写完文章居然也要在原稿上反复修改！看来，改文章，的确是我们自己的事。

2. 下工夫，激之以趣。

(1) 写评语激趣。

根据小学生喜欢被表扬的特点，我采取写评语鼓励的方法激发学生改文的主动性，培养学生改文的兴趣。在学生的习作本上，我抓住学生修改中的闪光点，写激励性的评语：

＊开头这样改，比原来简洁啦。你改得真用心！

＊这个结尾改后，比原来好多了，说明你听讲评时很专心。

＊这里，你把柳枝"飞舞"，改为"飘舞"，更准确了。你也会"推敲"啦！

＊这句话，你改得真妙，说明你是个爱动脑筋的孩子。

这些鼓励修改的评语费时少，效果好。学生从这些评语中品读出老师对他们的肯定与激励。有位学生在日记中倾吐了看到这样评语的真实感受：

……读到您赞扬我习作修改用心的评语，比吃了蜜还甜。以后，我会更认真修改自己的习作，请老师放心吧！……

老师常把情感倾注在笔尖，化为热情的批语，写在学生习作本上，刻在学生心里，会不断激发学生改文的积极性，产生良性的连锁效应。

（2）借榜样激趣。

一是把以往若干个学生修改的原稿装订成册，二是把以往一个学生同一篇习作的所有修改稿装订成册，让学生传阅，并组织学生谈感想收获。这种榜样，学生可感、可信、可比、可学。一次，批阅学生习作时，我发现一个学生在一篇《×××勤奋学习》的习作中，修改了两处。第一处——

【原文】他在专心地写着数学答案，几乎到了入迷的程度。

修改时，他把这句话打了个括号，并改成：

他似乎忘记了周围的一切，那边下象棋、下军棋的喧闹声也没有惊动他。

后又把"惊动"一词画去，改成"惊扰"。

另一处——

【原文】一个星期天，我到林榕家找他去放风筝，他说，还要做作业，没工夫玩。

修改时，他把林榕同学说的话，改用引号，变成这样：

林榕边写边说："我不能去玩了，因为下午有事，不能做作业，上午要把作业做完。你瞧，我正在做语文练习呢？"

我发现了学生修改习作的积极因素和可贵之处。可贵在改得有道理，在自己开动脑筋大胆修改。如果老师能充分挖掘学生这种改文的积极因素，使之成为自觉的行动，养成习惯，持之以恒，转化为能力，将终身受益。于是，我在习作本"教师批改"栏上，及时写下鼓励的批语：

你写完习作，能自觉修改，而且改对了，老师真为你高兴。向你学习，这种认真的好学风！

然后，我在班上宣扬了这种好学风，也表扬了其他几个修改自己习作的同学，这给学生很大鼓舞。许多学生的好胜心也被"激发"了，修改自己习作的热情之火点燃了。

我当即把学生的习作发下去，他们立即边看边改起来，删除补充，画画改改，有议论词语用法的，有争论句子优劣的，有思考如何点题扣中心的，当然，也有来问老师怎么改的，不会改的同学则有点焦急了……原先那种被动的只看老师批改的现象消失了，课堂出现了一种学习改文的新景象，课堂变成了"学堂"。

（二）重示范修改

俗话说得好，"喊破嗓子，不如做出样子。"在引导学生学习修改习作的初始阶段，老师要"下水"示范，带学生走一程。

四十年的习作教学经验告诉我，修改习作的起步阶段，老师必须"下水"示范，修改给学生看。我是这样做的，刚接班时，每次单元习作后，浏览全班习作后，我有计划地轮换为每位学生做修改示范。这样批改，全班都覆盖过，老师在学生的习作本上，都留下可视性的批改痕迹，给学生提供修改样本。老师在指导修改过程中，先扶后放，半扶半放，教给方法。具体做法如下。

1. 学习使用规范符号修改。

初始阶段，老师一定要引导学生，正确使用国家标准的文章校对修改符号，不使用费时、费钱的改正液。即使修改，也要保持文面整洁。小学生必须掌握常用的七种修改符号，如下图，前四种修改符号，中年级学生必须会运用，后三种高年级要会运用。

删除号：表示删除不用的字、词语、句子、段落或标点。

更换号：表示先删除不用的字、词语、句子，或者标点符号，然后换上适当的字、词语、句子或标点符号。

增补号：表示增添遗漏的字、词语、句子或标点符号。

互调号（一）：表示前后字、词语、句子的对调。

互调号（二）：表示互调两次。

分段号：表示以下的内容可以另起一个自然段。

保留号：有时删去的字、词、句，经过思考，又觉得要保留，就用这个保留"△△"的符号来表示，很方便。

2. 现场"下水"，示范修改。

学生习作中存在这样那样的毛病和不足，非常复杂，学生自主改起来的确难度不小，因此，要求不宜过高，也不宜要求修改到尽善尽美。

老师在选择示范修改病例时，遵循一个原则：先选择本班学生习作中，只有两三个错误的片段，示范修改，让学生直观地了解修改的过程，并且简单地说明修改的方法和理由。上课前，老师请一位书写端正的学生用白色粉笔，把病段抄在黑板中央，指导学生抄一行空一行，留空白，以备修改用。请看下面病段修改示范——

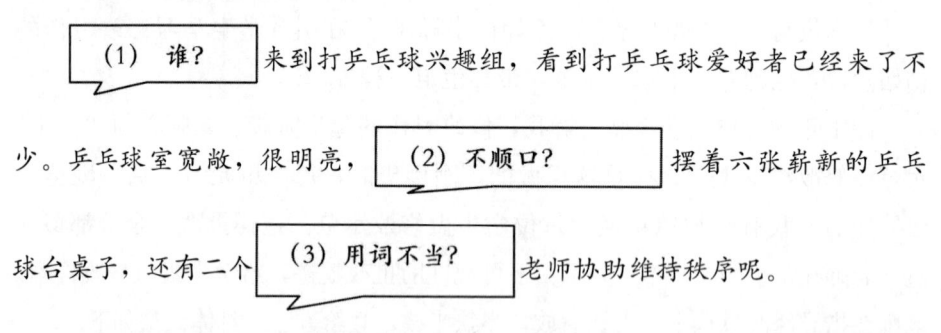

(1) 谁？ 来到打乒乓球兴趣组，看到打乒乓球爱好者已经来了不少。乒乓球室宽敞，很明亮， (2) 不顺口？ 摆着六张崭新的乒乓球台桌子，还有二个 (3) 用词不当？ 老师协助维持秩序呢。

上课时，师生互动，学生能改的，让学生改；学生改不了的，老师说明理由后，再用红色粉笔修改。以上依序号修改如下：

(1) 添上"我"字，从本段语意来看是作者本人，所以加"我"。

(2) "宽敞，很明亮"不顺口，改为"又宽敞又明亮"才顺溜。

(3) "二个"使用不当，应该改为"两位"。

这样，学生从老师"可视性"的"下水"修改演示中，具体而直观地感知改文的一般方法和道理，了解改文过程，学生自己动手修改时，可以仿效。

(三) 重评改策略

在进入修改阶段前，老师要为学生独立修改做许多铺垫工作，以便减缓修改难度。要注意，初始阶段要求不宜过高，避免学生产生畏难情绪。对学生习作中的毛病，引导学生给予纠正，老师必须讲究评改策略。

1. 递进性策略。

指导学生自改习作不能一步到位，要遵循儿童的认识规律，循序渐进，从单一到综合，呈螺旋式逐步提高要求。指导修改的起始阶段，重点评遣词造句，提高语言表达能力，抓语言关；接着，评讲语段层次清晰与否，抓段落层次关；而后评讲选材、组材，抓审题选材关；最后阶段，评讲文章主题，抓表达中心关。学生修改训练要采取递进性策略，具体操作小程序如下。这个程序可根据修改能力进展情况而变动。

（1）先示范，后试改。

（2）先评讲，后修改。

（3）先单项，后综合。

（4）先自改，后互改。

（5）先通顺，后求精。

2. 针对性策略。

语文老师一定发现，学生平时修改病句练习，一般都会改正确，可是对自己习作的毛病却不会改。这是因为平时修改的都是"模式化的人造病句"，学生对号入座，机械地开出药方，于是"药到病除"，师生皆大欢喜。可是，能修改"混藏"在习作中的毛病，才是真本事。所以，老师要针对本班学生习作中的问题，上好评讲课，一次讲评针对一个问题，力求解决一个问题，评得具体，评得准确，评得透彻，学生才能获得真收获。

3. 指导性策略。

评讲不要走过场，光规定修改，没有效果，要落实在"练"字上。"练"就要讲究指导性，要循序渐进。评讲选例方法有二：一是利用问题习作评讲，指明修改方向，纠正毛病，训练修改能力。二是分析点评习作优点，引领学生逐步向优秀习作看齐。

这样的评讲，实际上就是写后再指导。这样的写后指导，不是空洞的说教，而是针对性的指导。无论选用病例或是优文评讲，都要"可视化"，就是要让学生看得见具体怎么改。学生从习作评讲中，具体地领悟修改习作的基本方法，思维会出现新的飞跃。

(四) 重评讲授法

修改之前,要重视评讲,在评讲过程中,教给修改方法。下面举一次师生共同评讲为例,加以说明。

1. 晒出语段,诊断病症。

我请粉笔字书写端正的学生,课前把一位同学习作中不通顺的有毛病的语段抄在黑板上,请学生诵读:

①我参加报名打乒乓球兴趣组活动。②我来到打乒乓球室,发现我是第一,教练员林老师立刻给我一块乒乓球拍。③林老师先教我发球技术。④过一会儿,我就和老师对练起来。⑤林老师真厉害!我被打得一塌糊涂,可是我不泄气,坚持打。⑥不一会儿,我出汗了,就把衣服脱了,继续和老师打,打来打去,你来我往,我打了个幸运的擦边球。⑦林老师笑着鼓励说:"这个球打得妙!"

⑧这时,其他同学也陆续来了,林老师就让我和另一个同学对练……

如上病段,可以让小作者自己大声读给全班同学听。大声读自己的习作,可以培养胆量,培养勇气,使自己变得大胆、大方。同时,把文字变成声音,可以欣赏自己的声音。这样,小作者读自己的习作,听同学说修改理由,集同学的智慧,再动笔改习作毛病。这个过程不仅习作者得到帮助,提高写通顺能力,尝到甜头,而且全班同学也从"帮助同学,提高自己,快乐自己"中得到启迪。

当然,要培养学生的改文能力,老师还要"授之以渔"。教习作包括导学修改,花时间和精力教给学生改文方法,当个指导学生修改习作的好教练。

2. 师生会诊,开出处方。

以上这段话,存在好几处毛病。老师不必代劳修改,而是要组织学生讨论,师生一起"把脉""会诊",开出"治病处方",解决问题。当老师引领学生有意识思考时,他们就会特别注意去寻找问题,发现问题。经过互相讨论启发,学生明白这段话存在的主要问题。

作者用心读,读着读着,其他同学不时发出笑声,作者自己也会不好意思地跟着笑。同学们边听读,边思考。讨论时,同学们各抒己见,提出自己的发现和修改建议。

生：我读到第一句话，就笑了，"参加报名打乒乓球兴趣组活动"不通顺，词序颠倒了，要改为"报名参加"，读起来才顺口。

生：第二句"发现我是第一"也不通，调整一下，改为"我第一个来到打乒乓球活动室"。

师：犯了词序颠倒病，要调整语序。

（板书：词序颠倒——对调）

生：第四句"被打得一塌糊涂"，读起来怪怪的，最好换成"一败涂地"。

生：也可以改用"招架不住"。

师：你们发现了最常见的毛病。

（板书：用词不当——改换）

生：第六句说"把衣服脱了"，羞死啦！（同学大笑）读者容易误会，想歪了，使人哭笑不得，要把"衣服"改为"外衣"，才恰当。

师：对！意思没说清楚，不合情理。

（板书：不合情理——改换）

生：第六句中"打"字，也很别扭，也要改为"对练"。

师：第六句话是多发病，这句话中"打来打去"，怎么改？

生：单看"打来打去"，让读者误解，改为"你推我挡"，意思就明白了。

师：你语感很强！这也属于"用词不当"，用换词法。

生：这句话中"我打了个幸运的擦边球"，不能用"幸运"修饰"擦边球"，要调一调，改为"我幸运地打了个擦边球"，就通顺了。

生：我觉得还可以改为"我打了个擦边球，真幸运。"

师：也属于犯了"词序颠倒"病，用对调法。

此时，笔者忽然想到，让同学谈刚才上课的感受。

生：写完习作的确要边读边检查毛病，就像医生用听诊器给病人检查肺部的道理一样。

生：（这段话的原作者）我原来对这段话还满意，没想到同学们提了这么多修改建议，谢谢同学的帮助！我一定好好修改。

师：（小结）写习作要有读者意识、检查意识、修改意识。作者是第一个读者，要对读者负责，就像制作产品要对消费者负责，产品出厂前，要严格检验，盖上检验合格章。写完习作，自主"眼看、口读、耳听、心思、再改"，真是个纠错的好办法。

3. 根据处方，诊疗病段。

回家后，小作者参考大家对这段话提出的修改意见，沉下心来，多次认真修改，再交给老师批阅。下面是改后的片段展示：

我报名参加打乒乓球兴趣组活动。一天下午课后，兴趣组活动时，我第一个来到乒乓球活动室，林老师发给我一块乒乓球拍。他先教我们发球技术。过一会儿，老师就和我对练起来。林老师真厉害，把我打得招架不住，我只有捡球的份。但我不灰心，坚持和林老师对练。过一会儿，我出汗了，就脱了外衣，继续和林老师对练，你推我挡，你来我往，我打了个擦边球，真幸运。林老师笑着鼓励说："这个球打得妙！"

这时，其他同学也陆续来了，林老师就让我和另一个同学挥拍对练……

——四年级 林 畅

俗话说："三人行，必有我师焉"。小作者集大家的建议，动笔修改后，这段话就基本文句通顺、语意明了啦。他在日记里写道：

以前，我写习作不重视通顺，也不知道哪些文句不通，不会修改，即使修改，也是做样子。今天，在课堂上，听到同学给我写的习作片段指出不通顺的毛病，让我感到习作的确要讲究通顺。还知道了眼看、口读、耳听、心思，真是个纠错的妙招。这比我闷在书桌前独自修改，有效多啦！谢谢大家的帮助。

这是学生发自内心的感悟。我想：有了修改反馈，修改才能落地生根。老师坚持抽出一定时间让学生练读、练改，细工慢活出精品，终会喜获实效。教练员如果在水里游，而让游泳运动员在岸上看，一定不能培养出优秀的游泳运动员。

引导学生自能修改习作时，老师要善于说理。正如叶圣陶先生所说：要让学生明白，修改习作首先是他们自己的事。当然，学生修改时，老师要给学生"钥匙"，要从易到难，分阶段交叉进行，这里不详谈了。

(五) 重强化实践

我们知道，任何能力都要通过不断实践才能形成。正如"在游泳中学会游泳"的道理一样，修改习作也是要在不断修改中学会修改，在修改中提高修改能力。老师的思维不能代替学生的思维，老师指导学生修改自己习作训练，必须持之以恒，才能养成习惯，一是老师写批语导改，二是强化常态性修改。

1. 写批语导改。

老师在批阅习作时，发现问题，虽然不必代劳，但要在"教师批改栏"写批语，帮一帮，扶一扶，牵一牵，指出具体毛病或不足，引导学生修改。比如：

＊这里有语病，请动动脑筋，认真修改。

＊这个词语用在这里不妥当，请换一个词语。

＊这个例子不切题，请换一个更恰当的事例。

＊此处最好加一个事例，才有说服力。

初学修改阶段，老师要给学生写修改的批语，指出修改目标，让学生在老师提示下，对用错的词语"改一改"；对多余的字词"删一删"；对顺序混乱的词语、句子"调一调"，对内容空洞的地方"补一补"，对选用不妥的例子"换一换"，而后逐步放手，独立修改。

2. 常态化修改。

（1）边读边改。

这是要求学生习作时，先一气呵成，再安排写后就改，方法有三：一是默读改篇章，即先从整体入手，看看选材是否符合题意，中心是否集中，层次是否清楚，内容是否具体，结构是否完整，然后根据问题，进行充实调整、删减、修改。二是朗读改文句，如果有拗口和连接不畅、读起来疙疙瘩瘩的地方，必定有毛病，要及时动笔修改。三是审读改错漏用的标点符号等等，并及时加以修改。

（2）结对互改。

除了可以采取发到谁的就改谁的习作方法，还可让学生结对互改互批，合作修改。老师把修改权还给了学生，学生很有新鲜感，他们怀着好奇心，以主人翁的态度当起"小老师"，因此，审视同班同龄人的习作，格外认真投入。这样，既训练了批改习作的能力，又体验了老师批阅习作的艰辛，还培养了责任心。

(3) 一文多改。

语文任何能力的形成，都不是一朝一夕能奏效的。"文章不厌百回改"，我要求学生一文要多次修改，反复"推敲"，进行"深加工，细加工"。学生随着知识的拓宽、认识的提高、实践的增加，对自己的习作也会产生不满足感，会不断给自己的习作修改、雕琢、润色。不要求学生修改一次后，马上抄正，因为习作一旦抄正，学生就会认为完工，不再修改。一文多改，不是期望学生能改到非常完美，而是磨炼思维与砥砺意志的过程。

(4) 旧作新改。

学生升上五六年级后，以当下的认识水平和能力去修改三四年级写的习作。学生再审视自己以前写的习作时，会发现许多不足，惊喜地觉得现在的习作写得有文采，信心倍增。这时，学生已具备自我修改能力，改起以往的习作来，轻松自如，得心应手。

(5) 锦上添花。

前面的修改好比"织锦"，随着修改能力提高，可对学生要提出稍微高一点的要求——"锦上添花"，即对自己的习作在选材准确、内容具体、语句通畅的基础上，通过自我品读，在遣词造句方面再下一番"锤炼"的功夫。

【原文】	【修改】
林逸同学说："我猜想，第一个谜底是'旱'字。" "不对，我认为是'哥'字。"周华同学说。 到底是"旱"，还是"哥"，我也拿不定主意。 ——陈丽	林逸同学脱口而出："我猜，第一个谜'小河没水，大河干'的谜底是'干旱'的'旱'字。" "不对!"周华同学立刻举手反驳，"我认为是'哥哥'的'哥'字。" 这个谜底，到底是"旱"，还是"哥"，我一时也说不准。 ——陈丽

以上"原文"也可以不用修改，但是，学生反复琢磨，在"锦上"加工"添花"后，明显看出，遣词更准确，文句更精巧了。

诚然，指导学生自己修改习作，不是要求学生把习作改得毫无差错，而是磨炼"思维严谨的过程"；也不是说老师可以"清闲"，相反地，老师依然要发挥主导作用，做好艰苦的"教练"工作：激发学生改文的主动性，培养修改的习惯。

（六）重总结交流

1. 尝试写修改理由。

训练修改一段时间后，我要求在文段旁边做简单的说明，写出修改的理由。请看下面例子。

原文	修改理由
我和刘晓玲并排坐在海边一块平滑的礁石上，脚丫子伸进海水里，任凭冰凉的海水轻轻地 冲刷(抚摸) 着脚丫子，乐得哈哈直笑。 ——五年级 曾鸣	检查后，发现"冲洗"一般比较用力，与"轻轻"有矛盾。"轻轻"说明浅滩海水不急，所以改用拟人的"抚摸"，更好表达此时"我们"玩海水的愉悦之情。 ——五年级 曾鸣
一天春游结束了。海滩上留下了我们嬉戏的脚印，留下了我们美好的回忆。 ——五年级 刘宇	修改 一天春游结束了。海滩上留下了我们嬉戏的脚印，留下了我们美好的回忆。（留下了我们欢乐的笑声，） ——五年级 刘宇

学生写修改理由，目的是培养学生检查习惯，增强习作意识。学生所写的修改理由虽然简单，但它是动脑筋的结果，闪烁着智慧的火花。这样，学

生持之以恒，思维能力、写作能力、修改能力，步步都有着落。

2. 改文经验交流会。

在引导学生学习修改习作的过程中，重在"引导"与"启迪"，而不是"命令"，同样相信学生的学习潜能，尽可能发挥学生主体作用。修改训练一段时间后，引导学生总结修改习作的经验，而后召开班级学习修改习作经验交流会，这种创意的导学法，老师们颇受启发，认为这种经验总结与交流，让学生现身说法，能起良性的连锁效应，带动学生更用心地修改习作。请看学生经验交流发言稿：

我摸着修改的门道（发言稿）

官怀宇

我最近习作有了明显的进步，这得益于我认真修改的态度。钱老师接班后，就提倡和训练我们自己修改习作，我渐渐地摸着修改的门道，比如，修改习作要多读，多请教；多思索，多比较。现在，我常常用比较的方法修改自己的习作。

一次，我记叙班上小组讨论时，有一句话原来是这样写："小队长的建议引来了大家阵阵热烈的掌声。"我修改时，反复琢磨：加上表示掌声的象声词是不是更好，把"引来了"改为"博得了"，也许更准确，思前想后，再三比较，最后改为这样："'啪啪啪……'小队长的建议，博得了大家阵阵热烈的掌声。"老师在旁边写评语："改得用心，好！"得到老师的肯定我特高兴。这样细心修改后，这篇习作比原稿提高了不少……

这是从方法方面交流自己修改习作的"门道"：运用"多读，多请教；多思，多比较"的方法修改，习作有了明显的进步。让学生影响学生，更有说服力，效果更佳明显。

让学生自主修改习作能启智、培养语感，能培养学生缜密的思维能力：逻辑思维、比较思维、鉴别思维、审美思维等能力，学习和掌握修改习作的真本领，促进学生心智发展；还能励志、培养责任心。老师要转变观念，解放思想，把亲自动笔代改，转化为指导学生学习修改，让学生逐步自能修改，得益终身。

例谈五　示范式导写策略

【习作能力导学点】——导学写开头的多种方式

教育家叶圣陶先生在他的《语文教育书简》中，对老师写"下水"文曾经做过明确的阐述，他"希望教师经常练笔，深知习作之甘苦，盖即添本钱之意"，指出"所谓本钱，一为善读，一为善写"，还说："教师善谈善作深知甘苦，左右逢源，则为学生引路可以事半功倍。"笔者觉得叶老先生说得在理，尤其小学生习作"处于学步阶段"，老师要适当"下水"示范，体验学生"习作"之艰辛，指导就会更有针对性。

俗话讲"说十遍不如做一遍"。音乐老师教唱歌，都要亲自开口唱给学生听，体育老师教体育技巧动作要示范给学生看，教舞蹈的老师要一遍一遍示范给学员看。同样道理，学生写习作有困难，老师"下水"示范给学生看，也是导学手法之一。

（一）疑难之处，"下水"示范

播种要看农事才能有收成，"下水"示范要把握时期。万事开头难，小学生普遍觉得习作开头难下笔。当学生面露为难情绪时，我常采取即兴"下水"口述几段不同的开头方式，打开学生写作思路，能解心头之困。

有一年，接四年级新班，学生习作基础比较差。第一单元写作范围是：推荐一个好地方。编者还有说明，可以写——水乡小镇让我们赏心悦目，娱乐场让们兴奋不已，书店让我们流连忘返，村头的小树林是我们的乐园……

学生写作前，我尽管做了必要的指导，写作时，还有学生面露难色。有位学生问："钱老师，开头怎么写啊？"他话音刚落，好多学生附和起来："开头不好写呀！"也难怪，因为好地方学生曾经去过，游览过，但是从哪儿写起呢？学生没有头绪，难以下笔。

如果讲"开门见山"之类的技巧，我担心写成千篇一律的开头。我站在学生的角度，想怎么写开头才能显示特色，确实不容易。于是我决定示范尝试，口述几种不同的开头，打开思路。我在黑板上写下题目《家乡的西湖是个好去处》，随即口述第一种开头。

    家乡的西湖是个好去处　　（即兴"下水"开头段一）
"我们坐上小游艇，
 小游艇推开波浪。
 湖面倒映着西湖的景色，
 迎面吹来了凉爽的风。
 ……"

我们上了小游船开出不远，在爸爸提议下，我们一家人边放声合唱，边观赏我们家乡一个著名的景点——福州西湖。西湖是个值得游览的好地方，它有许多好玩的景点。

秋游时，我曾与学生一起坐游船游览福州西湖，顺势借来做本文开头。学生很快听出来这是引用改编了的歌词开头。我顺势在黑板上写下板书——

（板书——引用式开头）

这时，我发现刚才觉得开头难写的学生面露笑容了。接着，我又口述了第二种开头。

    西湖是个好地方　　（即兴"下水"开头段二）

从我记事起，去福州西湖游玩过好多次了，我玩不腻。每次，都非常尽兴；每次，都流连忘返；每次，都要去儿童娱乐园玩；每次，都要在游乐园拍照留念。"来，笑一个，耶！"春天来了，我们一家人又在西湖儿童游乐场入口处拍照留影，我们一家人又来到西湖尽情游览。福州的西湖很美，是我们游玩的好去处，所以我推荐好地方——福州西湖。

学生听出来了，这开头是以儿童的语气，写儿时经常去家乡著名景点西湖游玩的感受，表现热爱家乡西湖的情感。我在文段中一连用了四个"每次"，通过回忆去西湖游玩次数多，说明西湖的确是个好地方，表达作者喜爱家乡的思想感情。这叫回忆式开头。

（板书——回忆式开头）

我口述这两段开头后，说："课文每一篇开头都不一样，可见开头有方法，又绝对没有固定的模式，但是有一个基本要求，就是要围绕文题要求来写。"

学生看到老师口述的两段都是即兴而说的，都很放松，都紧扣题目来写，这就解开了学生心中的疑惑：开头不必过多讲究技巧，只有一个问题要注意——只要不偏题，想怎么开头就怎么写。学生不再"咬着笔头，皱眉头"，开始埋头轻松地写起来了。

（二）起步阶段，"下水"示范

"下水"导学形式不拘，可以即兴口述，可以即兴在黑板上按需写句"下水"文，可以即兴写一个片段。无论怎样"下水"示范，都要有实际价值，即对学生有帮扶作用，给学生写作搭个支架，能让学生有所启迪。

学生从二年级刚升入三年级，从写句到写段，是一个提升的阶段，是写文的起步阶段。这个阶段，老师尤其要"下水"示范。就像孩子刚刚学步，妈妈大手牵着孩子小手走路；就像孩子刚刚握笔写字，老师要慢慢教握笔方法和姿势、写字的坐姿；就像孩子第一次下到水里玩水游泳，要教他怎样憋气，手脚怎样配合划水。"下水"方法如下。

1. 老师边演边"配音"，再范写。

上课时，老师边演示边口说配音，边用粉笔把说的写在黑板上。比如：老师可以采取"演、说、写"方法——

钱老师夹着男式公文包，走到讲台中间，轻轻地放下它，伸出右手，从手提包里取出语文课本、工作笔记本手，微笑着望着同学们，点点头。然后，他转过身，看到黑板上还有粉笔痕迹，就从黑板槽里拿起黑板刷，把粉笔痕迹擦干净，放下黑板刷，才转过身。

这时的示范，一定要设计简单的、可视性的、可重复的情景。通过老师演，学生边看边听老师配音，把听的话语、观察的画面，再与默读黑板上写的一段话对照，学生逐步明白原来"一段话"是这样写出来的。这样的"下水"片段，不是展示"妙文佳段"，而是让学生觉得写段不难，让学生不惧怕写作。

2. 学生演老师配文。

也可以让一个学生演简单的情景，老师示范写下来，让学生"演"，学生"看"，老师写。比如：学生"演"从座位上到讲台前交作业的情景，老师把学生"演"的过程写下来；

老师说："交昨晚的语文写字作业了。"某某同学听到了，立刻从抽屉里取出书包，伸手翻开，找到语文写字本，放在桌面上，把书包放回抽屉里后，拿起写字本，站起来，朝讲台走去，然后把写字本放在讲台上，转身回位坐端正。

这段话十分平常，它再现了某某同学听到教写字本后，翻找并交上写字本的全过程。让一位学生"演"日常熟悉的生活，其他学生"看"这位学生演他们曾经做过无数次交作业的事，再"看"黑板上，老师示范写的话，学生会把这样的"文句"与刚才学生演示的"活动绘本"联系起来思考，继而觉得原来"一段话"可以这样"演"出来，写出来。

儿童表达能力不是"说教"会的，而是看后模仿会的，正如一些小孩在一旁看大妈们跳广场舞，听着音乐，模仿着学会，尽管动作很幼稚，却不失动感、乐感、"舞"感。后来，慢慢地越来越有兴趣，越跳越有模有样，还跳到中央电视台去，习作也是这样慢慢入门的。

（三）关键之处，"下水"示范

到了高年级，学生写作同样有困难，比较苦恼的是如何围绕中心写习作。这个能力，一定不是"灌输"围绕主题写之类的写作技巧就可以做到的。除了在阅读中渗透如何根据中心要求写文章，老师示范给学生看，也是重要导学的方法。我常在现场"下水"，或写在黑板上，或即兴口述。现在摘录其中一段"下水"文：

她是我们班当之无愧的学习委员。学习委员当然在学习方面应该名列前茅，论成绩，大家都知道她期考各学科总成绩，都在年段三名以内；谈态度，谁不知道她在班上书写认真是出了名的，在无格子本子上写日记，居然能做到上下对齐，左右成列，记得她升上高年级后，至少获得四次各级书法比赛奖状吧；讲学风，谁会忘记，上学期她那篇写景习作不厌其烦地反复修改四回，直到跨进90分行列，才抄正作罢的事例吧。

学习态度、学风都是看得见的。你们向右边看看王盈盈同学吧,此时,她依然那么淡定埋头写作,啊!闪光的镜子就在我们身边!

　　写这段下水文后,我就抄在笔记本里。我觉得学生在"听"老师口述下水习作,"看"老师示范习作的过程中,能直观地体会何谓习作,逐步明白怎样围绕主题写作文。

　　语文老师要养成心里常有示范的意识,需要时,张口能说示范的文句,挥笔会写示范的文段,不仅做给学生看,还能提高老师语言敏感性。会写下水文的语文老师,会让学生刮目相看。

　　诚然,这样的下水文,必须注意几点:一要模仿儿童的语气写,写出童趣,让学生觉得像他们同龄伙伴写的,才会起启迪作用。二要贴近儿童生活,易于被学生理解接受,才会有示范效果。三要有针对性,紧扣当次习作的要求,才能起引导作用。四要注意简洁性,课堂时间有限,所以下水示范的片段要短而有文味。

第九讲　指向表达新设计
——习作设计多样化

习作质量是量变到质变的渐变过程，一个学期只有八次单元习作，从量来说是不够的。所以还要适当地补充练笔的次数，这样的练笔，一是开放式练笔，即放飞思想，让学生自由写放胆文，二是现场式练笔，即老师设计单元习作以外的、指向表达的课堂练笔。

这种指向表达的练笔设计必须遵循"四个根据"：第一，根据课标习作总目标设计；第二，根据年级习作要求设计；第三，根据小学生认知特点设计；第四，根据本版习作实际存在问题设计。同时，要遵循如下"四字原则"：一是"新"——内容新鲜，新鲜才有吸引力，学生才会乐写。二是"活"——形式活泼，活泼才会唤醒思维，兴趣才会持久。三是"简"——设计简单，易于操作，以简胜繁。四是"实"——朴实无华，扎扎实实，扎实导学，才有实效。限于篇幅，本讲择优回放部分教例与同行们分享。

例谈一　"汉字变形"教学设计
——给"口"添两笔成新字

【习作能力导学点】——把思考过程展开写具体

【设计说明】

《义务教育语文课程标准》（2011年版）指出："语文课程是学生学习运用祖国语言文字的课程，学习资源和实践机会无处不在，无时不有。"根据这一理念，老师可以把语文知识变为写作素材。请看下面"汉字变形"教学设计。

【练笔目标】

1. 先给"口"字添上两个笔画，使它变成另外一个字，看谁变得多，然后把添笔画时的思考过程及结果写下来，告诉别人你真实的感受或体验。

2. 学习把给"口"字添两笔画的思考过程描写具体，并表达内心真实的体验。

3. 培养学生热爱祖国语文的思想感情。

【教学回放】

1. 导入谈话。

祖国的文字是非常丰富的，也十分有意思。有时，给一个汉字任意增加笔画，就会变成新的汉字。我们这节课，来给"口"字添上两笔，让它变出新字，比一比看，谁变出的新汉字最多。

（1）板书——添笔画，变新字。

2. 思路引导。

给"口"添两笔思路启发——

如加在中间，在"口"字中间加两笔，变成"田"；照此举一反三，可以加在"口"的右边、左边、上边、下边、右上。

3. 尝试添笔画、变形。

全班进行给"口"字添加两笔之前，请个别学生开个头，打开思路。每一个角度都先举一个例子，让大家从得到启发，结果学生很快说出了添加两笔后的新字。

生：我在"口"的右边加两笔变成新字——"叨走"的"叨"。

生：我在"口"的左边加两笔变出新字——"加强"的"加"。

生：我在"口"的右上加两笔变出新字——"司机"的"司"。

生：可以在"口"的上边加两笔变出新字——"召唤"的"召"。

生：可以在"口"的下边加两笔变出新字——"只有"的"只"。

生：还可以在"口"的中间加两笔变出新字——"理由"的"由"。

生：老师，我从"由"想到"口"字加两笔变出新字——"电灯"的"电"。

师：好。现在，大家在变一个字的基础上，每个角度再变出一串新字来，不说出来，写在纸上。

4. 练笔导航。

（1）既要记叙课堂面上同学们讨论的情景，也要重点具体描写自己思考的过程,用上承接词(起先+接着+紧接着+然后+……)
(2)讨论重点段行文表达思路——如下板书供学生参考:

汉字变形 { 老师谈话(略) / 尝试变形 { 思考过程(首先+接着+然后)(详) / 交流汇报(对话) / 变形结果 } / 独特体验(略) }

【精彩欣赏】

"口"字变形记(片段)

钟 灵

……开始给"口"字加笔画了,同学们都跃跃欲试。我也快速地动起脑筋来,首先想到的是在"口"上边加两笔,咦,有了!"古"字最先浮现在眼前,我立刻把它写在白纸上。接着,我想到在"口"字上边加两笔,就变出"台、占、召"等字。而后,我想到在"口"字中加两笔,能变出好几个字呀,我马上把想到的字写在纸上:申、由、甲、电。哇!我居然想到这么多,太高兴啦!此时,我也听到附近同学发出惊喜的叫声:"我又变出新字!"我更加兴奋,紧接着,我变换一种角度思考,想到在"口"字的右边添加两笔,脑子里最先出现的是"叶"字,随后浮现出一串字:叫、叹、叮、叩、叨等字,我快速刷刷地写在白纸上。哈哈,变,变,变!越变越多,居然变出了一长串"口"字加两笔的变形新字,越想越好玩,祖先发明的汉字真有意思!

瞧,作者记叙给"口"字添加两笔的思考过程,采取"首先""接着""而后""紧接着"这样的连接词,用承接式的构段方式,组织句群,思路清晰,层次清楚,能根据本次习作要求,把心里思考的过程具体、如实地展现出来,表达了自己真实的体验。

【微思考】

习作教学设计应该是多元化、动态化、生活化、立体化的,利用语文知识设计课堂习作训练,大有文章可做。比如:词语接龙游戏、猜灯谜、形近字对话、给形近字编辨析顺口溜、看图示猜成语等等。设计语文知识进行习作训练,可谓一举多得:一是这种设计便捷、简单、省时。二是可以巩固语文知识，培养学生对祖国汉字的热爱之情。三是能开拓习作训练宽度，丰富学生练笔素材，等等。所以笔者屡试不厌，学生屡写不腻。

例谈二 "妙用'静'字"教学设计
——情境习作设计

【习作能力导学点】——学习场面描写

【设计说明】

我们去医院探望病人，会看到住院部的走廊尽头雪白的墙上，贴着显眼的、绿色的、大大的"静"字，人们会自觉地放轻脚步，低声耳语不影响病人休息。

我从中得到启迪：课堂教学基本都会安排学生互动讨论，往往老师要花时间做组织教学，让学生安静下来，如果讨论需要暂停时，老师与学生约定——当老师在黑板上，写个大大的"静"字时，同学们要立刻安静下来。倘若学生能遵守这个规矩，既能节省时间，又能培养严明的纪律，何乐而不为？

【情景回放】

巧借"静"字练作风。老师布置学生分组讨论如何加强组织纪律性。大家畅所欲言，讨论非常热烈。我来到第一小组倾听同学发言。他们有的建议用加分的方法，鼓励大家遵守课堂纪律；有的建议哪一组违反纪律就扣分；有的建议违反纪律的当天小组留下来，展开自我批评。同学们的话匣子一打开，教室里的声浪越来越大。我趁大家争论最激烈的时候，悄悄地在黑板中央用红色粉笔写了一个特别大的"静"字。

"静，静！静！"有几位同学先发现黑板上"静"字，带头叫起来。与此同时，其他同学也发现了黑板上的"静"字，声浪渐渐地小了。同学不明白这是怎么回事，待全班鸦雀无声时，我宣布："刚才最后一个同学安静时，全班用了20秒。"

同学们还是一头雾水。我告诉同学们，"静"字共14画，假设写一笔用一秒，写完"静"字用14秒。我鼓动说："请同学们继续讨论守纪律问题。

当老师在黑板上，再写'静'字时，看看能不能在 14 秒之内，所有同学完全安静下来，好不好？"

于是，小组讨论接着进行。约两分钟后，我在黑板中央再写"静"字，一秒，两秒……七秒，八秒，才写完"静"字左旁的"青"，全班就静下来了。

"真棒！我们只用了八秒钟！"我喜不自禁地称赞，"同学们，你们真像军校里训练有素的小军人！向你们学习！"

同学们个个脸上写满得意。我这才亮出演练目的："谢谢同学们，谢谢同学们的表演，今天，大家演得非常精彩，非常成功！"

同学们十分惊讶："原来，这是在进行常规习惯演练呀！"

"是的，预先没有通知大家，这是为了让你们演练更加真实，更加自然，相信你们都已把演练快速反应的情景，特别是细节，用你们的摄像机——双眼拍录下来了。现在，请大家用语言文字重现刚才生动的生活画面。"

同学们议论纷纷。

"啊！钱老师，您真会导演，一点不露痕迹！"

"可能这只是序幕……"

"我只用五秒，就坐端正了。好奇怪！"

1. 练笔目标。

（1）学习描写看到老师写"静"字时，同学们快速行动的场面，表现同学们的精神面貌。（2）描写现场内心真实的感受。

2. 练笔导航。

我趁热打铁，重点做了场面描写指导：

第一，选择最有意思的热烈讨论与快速安静场景写，注意有点有面，点面结合——"点"要选择三个：一是选写身边的一位同学行为表现，二是选写特别突出的一位同学表现，三是选写自己的表现；"面"要写出全班同学如何快速行动。

第二，选择体验最深的写。

第三，写场面也要注重细节，既要写周围同学细节的表现，也要写自己细节的表现，更要写今天哪些同学与往日不同的精神面貌方面的细节。

第四，可别把我这个"导演"给忘了啊！

3. 现场写作。

不待我说完,同学们就埋头疾书,渐渐进入了静思的习作佳境……我望着他们挥笔"调词遣句"的样子,期盼读到同学们的心灵倾吐,享受同学们的喜悦之情,琢磨自己的设计理念……

这天晚上,我浏览本次习作时,阵阵喜悦涌上心头。

【精彩欣赏】

神奇的"静"字(片段)
吴金喜

"静,安静,快坐好!"

教室里传来互相提醒快速坐好的声音。我一边不解地朝黑板望去,一边快速坐端正,静静地望着钱老师在黑板上写特大的"静"字。

我转学到这个班级才几天,这个班级富有朝气,留给我很深的印象。这让我的"多动症"改了不少!当再老师写又粗又大的"静"字时,不断传来"快!快!"催促的声音。钱老师刚写到"静"字的第四笔,我立刻坐好了。哈哈!我只用了四秒,四秒!真快!钱老师还没写完"静"的左边呢,教室里已经寂静无声!真神速!

我望着这个平常的"静"字,觉得它像指挥员,无声地望着我们。同学们个个像小军人坐在座位上,我受到感染,也自觉地挺直腰板,坐得更端正了。

【微思考】

课堂习作创设情境,设计必须追求生活化、儿童化、最优化。这节课行为训练的场景设计,只用粉笔写一个"静"字,用游戏方式训练学生的纪律、行为习惯、意志力,且不留表演痕迹,学生十分入境,自然地产生了许多生动的生活细节,因而取得很好的教育与教学效果。办法"土"而简单,但是为学生创设了写作素材并引导他们留心生活细节。融习惯培养,习作指导,思练训练于一炉,老师教得轻松,学生练得开心,由此,我想到习作教学之水要保持新鲜,我们语文教师的教学思想应该永远是流动的。

例谈三 "蒙眼添笔画"教学设计
——学写起伏变化

【习作能力导学点】——学习描写心理变化

记得,我上过一节习作课,学生学得很投入,课堂很活跃,教学效果良好。现在,把课堂教学大体过程写出来与同行们共享。

【设计说明】

很多学生从小养成不良的用眼习惯,不爱护自己的眼睛。所以,我设计蒙着眼睛把缺少笔画的"眼睛"补写完整的游戏习作课。一方面为学生创设课堂生活,提供写作素材,让学生感受眼睛的重要性;另一方面指导学生现场写作,重点写好游戏过程的心情变化。

1. 练笔目标。

(1) 利用蒙着眼睛把笔画不完整的"眼睛"二字补写完整的小游戏,体会保护眼睛的重要性。

(2) 现场观察小游戏全过程,特别注意观察参与游戏同学的动作、神态。

(3) 学习描写游戏过程的心情起伏变化。

2. 情景回放。

(1) 睁着眼睛写"眼睛"。

我写好了"眼睛",转身问:"哪位同学上来仿写'眼睛'这两个字?"

许多同学蒙在鼓里,纷纷举起小手。我请写粉笔字最好的林芬同学仿写,她乐得一蹦一跳地来到黑板前,拿起粉笔很快写好"眼睛"二字。

"你刚才添笔画有什么感受?"我问。

林芬笑笑说:"这太容易啦!"

同学们也觉得睁着眼睛写"眼睛",当然没有困难。

(2) 蒙着眼睛添笔画。

接着,我把林芬同学写的"眼睛"两个"目"旁中间两短横擦掉,请同学上来把所缺的笔画补完整。这很容易,所以举手的同学更多,我微笑着请周辉同学上来添笔画。

周辉同学正要添笔画，我突然说："慢着，我要用黑纱巾蒙上你的眼睛，你再添笔画。"同学们一听欢叫起来，周辉呢，愣了一下，没有料到这一招，显得有点紧张。我给他蒙上了眼睛，问："蒙上眼睛，有什么感觉？"

"什么都看不见，眼前一片漆黑！"周辉同学回答。

我让他在原地转几了圈，才让他开始添笔画。我说："请同学们注意观察他怎样添笔画。"

只见他伸出左手，摸索着，好一会儿才触到黑板，右手上上下下，忽左忽右地想摸出那两个字的位置来。同学们情不自禁地叫起来："往左，再往左一点！往下一点，嗨，太偏了！"

周辉同学犹豫不决。好一会儿，他左手停下来，终于伸出执粉笔的右手，在他认为正确的地方，分别添上了两笔短横画，"哈哈哈……"同学们笑翻了。原来好不容易添上的四笔横画，都"长"到"眼睛"外面去了。

3. 练笔导航。

紧接着，下笔写作前，我重点做了如下与学生互动的提示。

（1）重点指导睁眼添笔画、蒙眼添笔画、帮助蒙眼者添笔画不同结果的描述及内心体验。

（2）写出上了这节课，对保护眼睛新的想法。

（3）回忆上课游戏的过程，理清习作思路：

老师范写"眼睛"——→睁眼仿写"眼睛"——→蒙眼补笔画——→交流游戏感受

指导10分钟左右，接着，我让同学们开始写作。

【精彩欣赏】

蒙着眼睛添笔画（摘录）
邹宏斌

……钱老师拿起黑板刷，把林芬同学刚写的"眼睛"左旁中两短横擦掉，微笑着："现在，请一位同学补写'目'中两短横。"这回更多同学举手了。我寻思着：这么简单，钱老师绝对在设"陷阱"！果然，周辉同学一上黑板前，钱老师就说："慢着，把眼睛闭上，我要用黑纱巾蒙上你的眼睛，再转几圈，补写'目'旁中缺的短横。"

这时，教室里一阵喧哗。咦，他绝对出丑了。周辉同学说："眼前黑黑一片，什么也看不见呀。"他伸出左手在空中摸索着，朝前走几步，好不容易左手触到黑板，右手捏着粉笔，不知在哪儿下笔补写短横。同学们急了，纷纷指挥起来：

"向左一点，向上一点，对！"

"哎，偏啦，偏左啦！"

周辉同学右手握着粉笔犹豫不决，不知听谁的，时而向左移一点，时而向上移一点，好难确定该在哪儿补写两短横位置。太难了，换是我也是找不着北。也许实在没办法了，他竟快速地写了四短横。"哈哈哈！哈哈哈……"大家笑个不停，原来，周辉同学把两短横写在"眼睛"外面了。

周辉同学把黑纱巾扯下来一看，冒出一句："眼珠子长到'眼睛'外边了！"

是啊，蒙着眼睛，就关上了"眼睛"这扇"窗户"，失去光明，什么也看不见，再简单的事也做不好。

【微思考】

本次指向表达的习作教学设计，目标是让学生写好心情变化。让学生先睁着眼睛仿写"眼睛"，学生自然觉得这"太容易了"，再把"目"旁中间短横擦掉，补写两短横，学生当然觉得这更简单，更容易了。再蒙上眼睛添两短横笔画，学生暂时失去光明，在"黑暗"中，摸索着添笔画，结果，添错了位置。同学们从同伴现场艰难补笔画的过程中，深刻地感受到"失去光明，再简单的事都很难做好"。学生对生活的体验，是在游戏的过程中自然生成的。这样设计的好处是：学生亲历游戏现场，描写心情变化，老师无须做太多技法指导。寓教于乐好！

例谈四 "一束鲜花"教学设计
——学习总分构段方法

【习作能力导学点】——学习总分构段方法

【设计说明】

美术课学习素描时,一定是面对实物,要么是石膏像,要么是生活器具,要么是人物模特。齐白石养虾,对着活虾素描,所画的虾,才栩栩如生。美术家都是先对实物、实景、真人素描,才能画出逼真的作品。同样,在课堂上,让学生写状物习作,必须有物品摆在眼前,学生才能如实描摹,写出细节,表达感情。所以,我借美术素描的方法,指导学生面对"一束鲜花"进行观察,写状物习作。

【练笔目标】

1. 准确观察一束鲜花的姿态和色彩特点,培养描摹状物能力。
2. 学习逻辑归类,运用总分方法构思组段。
3. 指导学生学习从多维度思考与鲜花相关联的问题。

【情景回放】

1. 课前准备。

为了上好一节状物训练课,我提前一天到附近花店选购了十几种色彩、姿态各具特色的鲜花,放在家里养了一个晚上,接着,我设想了上课的方案。

第二天上午习作课前,我特地用水喷洒这束鲜花,我捧着这束鲜花跨进了教室,同学们立刻被这活力四射的鲜花吸引住了,在一阵"好漂亮"的欢叫声中,我拉开状物训练的序幕。下面是这节课的追记回放。

2. 练笔导航。

(1) 概述印象。

上课伊始,我在黑板左侧写下填空题:一束_____鲜花。我左手举起鲜花,让学生用一个词语来概括姿态特点。同学们说出许多适合的词语:婀娜多姿、姿态各异、不同姿态、妩媚多姿……

(2) 观察形态。

接着，启发学生先把观察的注意力聚焦在这束鲜花的"姿态"上，暂时忽略"色彩"。我先请几个学生上讲台一边观察形态，一边口头描述观察所得。请看口述简录：

师：同学们，近距离观察这一束鲜花，再说说观察发现。说的时候，可先总述，再分述，分述这一束鲜花时，要用上不同的句式。

生：这束鲜花姿态各异，大的花瓣像叶子，小的花瓣如瓜子；有的花瓣全舒展开了，有的花瓣半开着，有的花高昂着头，好似仰望蓝天，有的花低垂着头，好像害羞不语……

师：你观察得真仔细，描述得不错，描述时，还发挥了丰富的想象。

生：钱老师带来的这束鲜花姿态优美，一朵有一朵的形态，有的小巧玲珑，有的羞答答，有的清秀可人。

生：好像说得太空泛，没有说出鲜花具体的形象。

师：那你说几句，比比看，谁说得好。

生：我想可以这样说，这束鲜花多艳丽呀！有的小巧玲珑，好像白玉镶嵌的头饰；有的只露半边脸，好像羞答答的小姑娘；有的尽情开放，落落大方，我觉得"清秀可人"与"小巧玲珑"有点相似，所以我才这样改。

师：刚才几位同学说的时候抓住了花的姿态特点，既有条理，也很具体。

（板书——重点段总述句——➤这束鲜花形态_____）

其他几位同学描述后，师生互动点评，就转入下一步骤。

(3) 观察色彩。

接着，我指导学生观察这一束鲜花色彩特点：这束鲜花_____。学生说出许多有关描写色彩的词语：五颜六色、五彩缤纷、色彩斑斓、无比耀眼、艳丽多彩、绚丽夺目、多姿多彩、美丽娇艳、无比艳丽、灿烂多姿……

我适时利用花枝做演示，指导学生进行多种思维整理、组合，我选了红、白、蓝三枝花，并在黑板上，写下了组合变化：

红——白——蓝　　　白——蓝——红　　　白——红——蓝
蓝——白——红　　　蓝——红——白　　　红——蓝——白

我指着黑板说："三种色彩，可以写出 6 个略有变化的句子，这告诉我们，观察之后要进行书面表达时，先在头脑里把观察到的内容进行排列组合：

想好先说哪种色彩，再说哪种色彩，最后说哪种色彩，心中有'文路'，笔下才有序。"

说着，我请一位同学上讲台，用这种方法描述这束鲜花色彩特点。他选了黄、紫、白三枝花，想了想，开始口述：

百合花雪白雪白的，非常高雅；小菊花金黄金黄的，非常耀眼；紫云英紫中透白的，非常迷人。

另一位同学，略作改动，又组成了新的句子：

金黄金黄的小菊花那么耀眼，紫中透白的紫云英那么迷人，雪白雪白的百合花那么高雅。

我借他的话说："这样组合的句子，同中有异，词序稍作变动，就变出一个新句子，集合在一起，就成了一段话，习作就这么简单！"

（板书——这束鲜花色彩_____）

（4）观察细节。

我接着说："一束鲜花是本次状物写作的共性材料，如何从同中发现不同，使习作有个性呢？"我启发学生描写色彩时，要写细致一些——从色彩浓淡来说，从色彩明暗来说，也可以从色彩层次来说，还可以从色彩变化来说，更细心些还可以从花瓣正反面色彩差异来说……

老师再给学生指点——通过近距离观察对比，选择一枝你最喜欢的鲜花来详写，并写出喜欢的理由。然后，按小组轮流近距离观察，没轮到的同学就先动笔写习作。

（5）重点提示。

接着，我重点提示递进层次语用方法——互动讨论后，同学们明白了可以用上"我最动心的""我最喜欢的""让我最心仪的""最引人注目的"等等，体现层次递进。

这个教学细节旨在让学生明白，习作时，既要看到"大片森林"这个"面"——一束鲜花，又要顾及"树木"这个"点"——突出写几枝鲜花。这样，不仅习作有了个性，还凸显了习作的细节描写。

（6）深入思考。

状物观察训练，还要伴随着思维训练。我这样点拨提示思考："花美与绿叶的关系；花美与根的关系；花美与阳光的关系；花美与雨露的关系；花美与园丁精心养护的关系；花美与生活的关系……

【精彩欣赏】

一束绚丽多姿的鲜花（摘编）

张虹

钱老师让我们观察一束美丽的鲜花。我一眼望去，觉得这束鲜花光彩夺目，姿态动人。钱老师一定经过精挑选才买来的！

单说姿态吧，它就够吸引人的眼球：百合花高挑独立在这束花中间，格外显眼，其他都围在它身旁，前呼后拥，好像众星捧月；大理菊婀娜多姿，全展开的，稍卷曲的花瓣从里到外一圈一圈地排列着，半开的犹如小佛手，小花骨朵儿藏在绿叶间，只露小半个脸，害羞地望着同伴；绣球形似圆球，真是花如其名，曾听爸爸说，它是由众多小花组成的外观像绒球，所以戏称为绣球。我真想走近它看清楚，数数这个"球"由多少小花"绣"成，可是当轮到我观察时，发现根本数不清……

啊，花卉世界真是美妙无穷，难怪同学们会乐得看了又看，闻了又闻，仿佛被它的美丽吸引住了！

【微思考】

老师要借静物观察，训练学生在观察的同时进行思维整理加工。思维是内心的思考活动，如何让学生理解思维整加工的道理呢？一束鲜花教学的实践告诉我，培养正确的思维方法，是提高习作书面表达能力的关键。我指导学生根据表达的需要，通过任意调动一枝一枝的鲜花，进行同类组合演示，说一串比较长的句子，非常形象而又深入浅出地让学生将看不见的内心语言，变成可视而形象的外部语言，从而逐步掌握思维整理加工的方法之一——归类组合。

从这个意义上说，状物习作指导训练，不应该仅仅让学生的语言表达停留在描摹外观准确、到位、具体、生动的层面上，还应该波及训练思维条理性、思维深刻性与认识能力、发展智慧的层面上。

例谈五　"空气压力实验"教学设计
——学写事情全过程

【习作能力导学点】——记叙事情全过程

【设计说明】

有一天，我看到电视里，主持人正在给小朋友做有关空气的小实验，看到小朋友对这种实验兴致很浓，围着主持人问这问那，我就琢磨着，要把它"克隆"过来，改造成习作训练课。设计方案几经修改，经过上课实践，发现实验式的习作也是小学生喜闻乐见的。

【情景回放】

1. 巧设悬念。

上课了，我拿着一块红砖，放在讲台上，又从备课笔记里取出一张普通的牛皮纸信封，神秘地望着同学们说："今天，要做一个与空气有关的实验，你们猜猜怎样用这红砖块与信封做空气压力实验？"好多同学不约而同地叫起来——

"唉，这红砖与空气实验能扯上关系吗？"

"红砖那么重，信封那么轻，怎么做实验呀？"

"啊，信封与空气能做小实验吗！"

2. 层层设疑。

我不忙于挑明疑惑，先请几个同学上来掂量掂量这块砖有多重。他们掂量之后议论了一下，觉得大概1.5公斤重。这时，我才问："把砖竖起来，不用手触碰它，也不用棒子之类的工具去推它，我用气功能把它推倒吗？"

"可以！"几个同学叫起来。

"不可以！"另一些同学认为，还有同学没表态，只是望着我，好像要从我脸上找答案。

"钱老师，你会气功？"有些同学表示怀疑。

于是，我开始模仿气功师扎了马步，缩起右手臂，竖起手掌，鼓起腮帮，凝神屏气，而后，突然"嘿"的一声，竖起手掌向前对准竖着的砖块正面，顺势猛地发功一推，但是砖块纹丝不动。

"钱老师，你的气功失灵了！"

"哈哈！"同学们乐得闹起来，"不然就用手掌推它！"

"钱老师不会硬气功。"我坦白说："但我可以请看不见的气功师——空气来帮忙。"

同学们半信半疑。

3. 现场实验。

空气怎么帮钱老师把砖块推倒呢？就在很多同学都满腹生疑时，我把放在一旁的牛皮纸信封拿在手中挥了挥，说："就用它！"

它！一个小小的信封？能帮钱老师借助空气推倒砖块？同学们还是疑惑不解。

我把信封贴紧砖块正面，然后把信封口打开，深深吸了一口气，鼓起腮帮子，嘴巴对准信封猛地朝信封里吹了一口气，随着"嘭"的一下，信封一下子鼓胀起来，与此同时"咚"的一声，红砖倒下了。同学们惊奇地叫了一声："啊！倒了，砖块倒了！"与此同时，教室里响起一片掌声。

4. 揭示秘密。

同学们见证了空气的力量，但是他们脸上依然写着问号，未必能明白为什么气吹在信封里就能把砖推倒的道理。

这是一个难点，我决定扶一扶，帮一帮："我是借吹出的空气在信封的有限空间里瞬间压缩产生一股的力量，'挤'倒了砖块的。在我们身边摸不着看不见的空气是一位真正的'气功师'！"

5. 练笔导航。

我与学生着重讨论了如下几个要点：

（1）思路点拨：按本节上课全过程设计写作思路：

猜测──→设疑──→实验──→揭秘

（2）重点点拨：根据本节课的任务，应该把正式实验的部分作为重点来写。

（3）构段点拨：可用"先、接着、而后、紧接着"等连接词记叙实验过程。

（4）道理点拨：揭示空气压力的道理，一定要表达清楚。为了落实这一点，我让同学互相口述，纠正不足之处，指导之后，同学们就开始写作。

【精彩欣赏】

真正的"气功师"（片段）
曾婉婷

开始实验了，教室里寂静无声。同学们盯着钱老师一举一动，只见钱老师先把红砖竖着放在桌面上，让侧面朝向我们，然后，他打开了信封口，双手捏着信封，正面紧贴着砖块，接着，深吸一口气，鼓着腮帮子，低下头，嘴唇靠近信封口，紧接着，往信封里快速"呼"地猛吹一口气，我看到了整个信封一下子膨胀起来，与此同时，瞬间"啪"的一声，好像有一双无形的手，信封竟轻而易举地把砖头推倒了！同学们这才恍然大悟，原来是向信封里吹空气，利用信封里空气瞬间膨胀，把砖块"挤"倒的呀！大家都乐得欢呼起来。

【微思考】

习作训练内容必须要注意宽度，设计空气压力实验，而后练习写作，是语文学科与身边科学小实验相融合，这种学科之间的跨度，给老师们提供新的写作训练思路。沿着这样的思路，一线老师们可以设计现场画画或者练写艺术字的情景，而后写作，融美术与习作训练为一体；设计现场小型体育活动，而后写作，融体育与写作于一体，等等。因为训练习作内容不同，所以形式自然多变，学生能保持新鲜感，写作情绪始终高涨。

第十讲　赏析笔记新尝试
——学习评析促提高

《义务教育语文课程标准》（2011年版）在"实施建议"中提出："阅读教学应注重培养学生感受、理解、欣赏和评价的能力。"笔者认为，引导学生感受和理解文意的同时，培养欣赏和评价能力非常重要。这正如一位作家所言"倘若会欣赏别人的文章，自己也就会明白应当怎样遣词造句，选材构思等写好文章的一般道理了。"笔者从1988年开始，探索欣赏和评价的能力培养，至今已有三十多年了，发现在阅读理解的基础上，老师引导学生在阅读教学中，学写读书赏析笔记，有利于培养学生良好的语感，有利于发展学生个性化阅读能力，有利于提高习作表达能力。本讲主要谈如何扎实地培养学生"赏析"能力的做法与策略。

例谈一　导写赏析笔记新认识

社会在发展，语文老师教学思想应该与时俱进，我大胆地尝试利用教材，指导学生阅读，培养语感，提高思维；在品评、赏析中，提高习作质量。下面谈谈我对赏析读书笔记的认识。

1. 赏析是利用文本"悦读"，融进审美教育的新思考。

语文课程标准指出"应该重视语文课程对学生思想情感所起的熏陶感染作用"。老师要利用文质兼美的教材，在"研读"中，引导学生发现课文美：词语美、文句美、修辞美、语段美、结构美、意境美、情感美；自然景物美、人情风俗美、人物心灵美。自由地赏析作者遣词之精准，文句之精美，语段之精彩，构思之精妙，写法之精巧，体味"弦外之音"，体会课文的情趣美味，享受阅读快乐，提高审美情趣，进而丰富学生的精神生活，体会祖国语言文字的魅力。这是利用文本"悦读"，融进审美教育。

2. 赏析笔记是读后感的新发展。

传统的读后感内容一般包括：概括介绍文章主要内容、摘录好句、读这篇文章后的几点收获、联系自己实际写感想，这是读后感长期不曾改变的写法。赏析式读书笔记在传统的读后感基础上，增加赏析的内容。从发展思维的角度来看，写赏析式阅读笔记有它优势之处。语文教学要立足培养学生语文素养，引导学生走进文本，与课文对话，与作者交流，突破点是由理解层面到会自主赏析品评的层次，这是评价性思维训练，是语文学习的新境界；最后写成赏析读书笔记，是逻辑表达的书面语言训练。所以，学生学写赏析读书笔记是写读后感的新发展。

3. 赏析笔记是"读""赏""写"相结合的新尝试。

《语文课程标准》指出要"爱护学生的好奇心、求知欲、鼓励自主阅读"，"积极倡导自主、合作、探究性的学习方式"。指导学生"赏读"，就是引导他们通过"深阅读"，"精研读"，学习"解写"，探究遣词造句、句群组段规律、组织篇章思路，汲取写作营养，积累写作知识，迁移写作知识，从而促进"真写作"。

写赏析式阅读笔记，则是学生"深阅读"后，把心中内化的理解，经过思维整理，组织成连贯的、外化的书面语言，亮出来，写成书面笔记，这个过程也是培养与发展学生思维心智与表达能力的过程。从这个角度看，写赏析阅读笔记可以培养与增强学生的作文意识。我的学生习作整体质量高，与学生经常学写赏析读书笔记密不可分。这是"读""赏""写"结合的新尝试。

中学语文泰斗、全国著名特级教师、福州一中的陈日亮老师看了这项训练的作业原件，也肯定了这种训练对学生认真动脑筋读书，汲取课文习作知识营养，大有好处。他在给我的信中写道：

小学五年级学生能够写出这样水平的分析欣赏的文章（文段），不容易，看得出是指导得法，训练有素，难能可贵的是学生每读一段文都有话可说，又说得头头是道。小学生能这样研读美文，这种自主学习与练习的好习惯，日后大有裨益。

学生写赏析式读书笔记的尝试，同样得到师大文学院潘新和教授的赞赏，他看了我班学生写的读书赏析笔记，对此做法也十分赞赏，他写道：

看了钱本殷老师班上学生写的读书赏析笔记，我非常高兴。第一，因为从读写结合的角度看，这种读书与品味相结合的方法值得探讨；第二，看到学生写赏析时，不仅仅停留在理解字、词、句这一层面，而是在此基础上，分析字、词、句在文章具体语境中的好处，这是在做"解写"的功夫，这实际上已经提高了一个层次；第三，这样赏析品评的好处，在于学生把内心对文句的理解化为书面文字，这不仅提高了理解能力，还提高了鉴赏能力，在不知不觉之中提高了习作的能力，我以为这样做能提高习作训练的效果。

例谈二　导写赏析笔记的策略

【习作能力导学点】——学习品析欣赏的方法

在阅读教学中，老师采取适当的方法，引导学生学会赏析，学写读书欣赏笔记。这有一定难度，老师必须讲究训练方法，才能把学生领进门。尤其是初始阶段，老师"下水"教练示范给学生看是非常必要的。

策略一　示范赏析

写赏析笔记有一定难度，老师要给学生指路，启发思路，才能把学生领进门，尤其是初始阶段，老师"下水"教练示范给学生看是非常必要的。现在，展示"下水"赏析语段。

【原文】

榕树正值茂盛的时期，好像在把它的全部生命力展示给我们看。那么多的绿叶，一簇堆在另一簇上面，不留一点儿缝隙。那翠绿的明亮的照耀着我们的眼睛，似乎每一片绿叶上都有一个新的生命在颤动。这美丽的南国的树。

——五年级上册《鸟的天堂》

【赏析】

这段话写南国美丽的榕树长得很茂盛，很有生命力。作者既描写了榕树的外在形象：怎样"茂盛"呢？请看——"那么多绿叶"，从哪里看出来？从"堆"字看出来，"堆"字用得多形象、多生动啊。紧接着，作者写"不留一点儿缝隙"，平平常常的语言，用在这儿，巧妙地让读者仿佛看出榕树的叶子又多而密。此外，作者还变换思维角度，写绿叶"照耀着我们的眼睛"，写"翠绿的明亮的"叶子，那么引人注目，觉得"似乎每一片绿叶上都有一个新的生命在颤动"。联系上下文，作者这样写是为了表现榕树的长势非常旺盛，从而赞美榕树充满生命活力，也因此大榕树才会成为"鸟的天堂"。这是这段话的亮点。

赏读后，我发现作者非常喜爱这棵大榕树，对大榕树动心动情了，所以四句话都饱含着情感。细读着、品评着、欣赏着，内心会被打动、被感染，会很想亲临现场目睹"这美丽的南国的树"。我知道了作者写文章，内心对事物产生强烈的情感，笔下才会不断涌出充满情感的文句，这是我赏读这段话的写作收获。

老师这样示范，旨在让学生明白"赏析"到底是怎么回事，知道只有"意会"，才能"言传"，启发学生钻进课文细致揣摩佳句、妙段，才能"言传"外化为书面的赏析笔记。示范可以是口头的，也可以是书面的。示范赏析要站在学生的角度，模仿学生的口吻和语气，让学生觉得像他们说的话，容易模仿。"下水"赏析要有导向性，难易恰当，让学生易于接受。

小学生初学写赏析式读书笔记时，老师要多些帮扶，做些示范，适当引导。这篇"下水文"旨在让学生明白赏析读书笔记基本结构范式，学生仿写一段时间后，可以独立写这类赏析笔记。除了语段，老师还可"下水"赏析字词句子、篇章方法等。

策略二　以点带面

赏析初始，不要硬性规定全班参与写赏析读书笔记。各教学班都有一些理解感知能力比较强的学生，老师组织部分学生带头先走一步，尝试写赏析读书笔记，而后再全班铺开。具体做法分两步走。

第一步，在兴趣组内培养"种子"，尝试赏析。

刚开始训练赏析时，选择8到10位感悟能力强的学生成立"赏析能力训练兴趣组"，培植赏析读书笔记"种子"。我这样做——

1. 引导学生阅读、讨论、理解老师下水示范的赏析读书笔记，包含哪些内容。

2. 发给印刷的课内妙句佳段，模仿老师下水文，进行口头尝试性赏析，开放思维，各抒己见。老师从旁对口头赏析进行点评、随机指导写赏析笔记的方法。

3. 布置学生整理口头赏析内容，现场写成书面的读书赏析笔记。

第二步，再在全班面上铺开。

写赏析读书笔记兴趣组开展活动，一个月后（约10次），可在班上逐步开展赏析能力训练。做法是——

1. 展览、张贴、传阅种子选手写的赏析读书笔记。

2. 请种子选手上讲台，交流写欣赏笔记的方法、思路、心得体会及经验，特别要让学生谈谈欣赏给他们带来的甜头，进行"点火"，让学生激励学生，学生带动学生，使赏析训练变成学生喜爱吃的甜"蛋糕"，让赏析训练逐步内化为学生学习语文的需求，演化为自觉研读的行动。

3. 这个阶段即使在面上铺开写赏析读书笔记，也要给予自由度，要让学生乐于参与赏析品评，而不要增加学生精神负担。学生赏析笔记不要求步调一致，不求量多，但求真体悟。

策略三　点滴渗透

在阅读课教学全过程中，老师可以随机渗透赏析能力训练。

1. 课前预习时渗透。

我让学生课前预习课文时，写初读课文的简单感受，即在课文空白处作包括疑问、理解、品味、赏析等方面批注，准备上课时，随机发言参与赏析。

2. 课堂教学过程中渗透。

伴随着教学进程，随机提问，自然引导学生从"心里赏析"到"口头赏析"。比如，追问：你发现这个词在文中起什么作用，用在这儿好处在哪里？这句话用在这儿妙在何处？你向作者学到什么？这样就把学生的思维导向研读式赏析。如：《爬天都峰》开头片段——

我站在天都峰脚下抬头望：啊，峰顶这么高，在云彩上面哩！我爬得上去吗？再看看笔陡的石级，石级边上的铁链似乎是从天上挂下来的，真叫人发颤。

在教学中，笔者是这样渗透赏析能力培养的——

师：刚才理解了这段话主要讲黄山天都峰难爬。同学们想想，从这段话中的，你最欣赏什么？说说为什么？

生："挂"用得特别好。我觉得挂起来的东西都是垂直的，说石级边上铁链似乎从天上挂下来，让读者感受到天都峰多么陡。

生：我觉得"挂"与"笔陡"相呼应，更显得天都峰高而险，所以年少的"我"看了会"发颤"，但最终爬上了天都峰。

师：作者这样写有什么好处？

生：整段话，作者没有写"险"字和"难"字，但却处处体现黄山天都峰又高又陡，又险又难爬。

生："啊""哩""吗"这三个语气词，也用得好，含有惊讶、怀疑的意思，间接地说明天都峰很高很陡，很难爬。

师：好，学习课文，就要这样先入眼，再入心，"心"临其文，身临其境，体会作者这样写的用处，赏析课文文采，吸收和积累写作知识。在理解的基础上，经常"解写"，进一步追问这样写有什么好处，领悟写作的道理，提高习作表达能力。

阅读教学中，老师随机引导学生用心灵和作者亲近，与文本对话，把平面的文句变成有声有色、有情感的活画面，变成有滋有味的营养餐，内化吸收，促进能力迁移，外化表达；语文老师要把文本变成播种写作知识的绿洲。

3. 阅读课终结时渗透。

一篇课文教学终结时，安排几分钟时间，局部或整体上口头赏析课文。比如，可以启发学生思考：谈谈这篇课文构思方法怎样？本课有哪些好的写作方法？渗透选材、篇章、方法等方面的赏析，然后趁热打铁要求学生当堂或课后自主整理成书面赏析笔记。这样日积月累，学生赏析能力就会渐渐提高。

4. 给老师日记写评语中渗透。

平时，我和学生有个约定，即给学生习作写赏析式批语，学生给我的日记写评语。这样就引起了一系列连锁反应，我的日记经常有学生从不同的角度写赏析评语。这样互动赏析，既训练了学生品评赏析能力，还密切了师生关系。

试看学生写在我的日记后面的批语：

钱老师这篇日记中写的是王博同学工作认真的样子，特别细心，对王博给同学作业盖五星图章时的神态观察很细致，"鼻尖上渗出几点汗珠，他顾不得擦"写得尤其真实、生动，字里行间透着对学生关爱之情。

例谈三　导写赏析思路与方法

1. 赏析的思路。

一般情况下，我指导学生按如下思路进行品析。

一是寻找课文"亮点"，即赏析点后，先从总体上概括或理解一句话、一段话的意思。

二是发现美在哪儿，是把赏析的镜头推近再推近，抓住句子或片段中关键字词句，深入剖析、琢磨、解读、体味在具体语言环境中的作用和妙处，着重思考赏析的理由——抓住特别有文采的词语、句子、片段来欣赏。

三是写点写作方面收获，即从习作的角度写学习所得，有多少收获就写多少收获。

2. 赏析的方法。

老师必须用实际例子指导学生掌握如下赏析方法。

(1) 联系语境。

联系上下文语言环境来赏析词语、文句或文段中的"亮"点在文中起什么作用，特别是写出在文章中的好处是什么，再写出赏析理由。

(2) 尝试比较。

把原文的关键词语或句子，改换成其他的词语或句子，两相比较，就能比出优劣高低，赏析原文的妙处，并分析理由。

(3) 重点欣赏。

赏析时，不要面面俱到，因为课文或用词，或构段，或选材，或结构，或方法，都有其特别突出的一点，抓住最具特色、最值得品评、最有感受的地方，进行重点赏析。

例谈四　导写赏析笔记的实践

书面赏析训练要有梯度，要循序渐进——先写赏析单一的内容，再写赏析综合的内容；先写课内的赏析笔记，再写课外的赏析笔记，再写反思自己的习作。

引导学生用笔头品评赏析课文，要反复琢磨、咀嚼、消化，体味文字美的滋味。因为教学过程已经渗透口头赏析训练，为写笔头赏析笔记做了铺垫，所以减缓了写赏析笔记的难度。我从如下几个方面引导学生尝试写赏析笔记实践。

1. 赏析词句，写笔记。

【原句】

桂花盛开的时候，不说香飘十里，至少前后十几家邻居，没有不浸在桂花香里。

——《桂花雨》

【赏析】

这个句子中"浸"字本来是"泡在液体里的意思"但是在这个句子中，它表示前后十几家邻居家里全都弥漫着桂花香气。它虽然平常，但在这个句子里，很值得品味，值得琢磨。因为十几家邻居全都能闻到桂花香味，说明作者故乡的桂花树数量多，桂花开得多，香气才特别浓，作者印象特别深，所以忘不了家乡的桂花雨，表达了浓浓的思乡之情。

——摘自陈琳的《赏析笔记》

这是从遣词造句的特点方面来欣赏的。虽然点点滴滴，三言两语，但是学生乐此不疲。这是在切切实实地引导学生认识、学习、赏析课文语言美。这样的句子课文里比比皆是，老师在阅读教学中随机引导学生赏析——

＊游船、画舫在湖面慢慢地滑过，几乎不留一点痕迹。

＊蓝天衬着高耸的巨大的雪峰，太阳下，雪峰间的云影就像白缎上绣了几朵银灰色的花。

＊它把红色给了枫树，红红的枫叶像一枚枚邮票，飘哇飘哇，邮来了秋天

的凉爽。

2. 赏析佳段，写笔记。

【原文】

渔夫皱起眉，他的脸变得严肃、忧虑。"嗯，是个问题！"他搔搔后脑勺说，"嗯，你看怎么办？得把他们抱过来。同死人待在一起怎么行！哦，我们，我们总能熬过去的！快去！别等他们醒来。"

但桑娜坐着一动不动。

"你怎么啦？不愿意吗？你怎么啦？桑娜？"

"你瞧，他们在这里啦。"桑娜拉开了帐子。

——《穷人》

【赏析】

这是课文结尾段。我发现小说的结尾写得很巧。我是这样赏析的：这段话有许多言外之意——

第一，透过作者写渔夫"皱眉头""严肃""忧虑""搔搔后脑勺"这些看似平常的表情、动作，能读到渔夫对邻居西蒙的遭遇非常同情，尤其担心西蒙的两个孩子，没有了妈妈怎么办。我从中学到可以描写神情表现人物内心情感的方法。

第二，渔夫说的话非常简短、急促，几个感叹号和问号看出渔夫很着急，表示宁可自己熬着过日子，也不能让邻居西蒙的两个孩子和死人待在一起，得把他们抱过来。

第三，渔夫看到桑娜没有动，反问桑娜，误以为桑娜不愿意帮助西蒙。这样的误解更能让桑娜放心，这正是作者巧妙之笔。

第四，写桑娜"一动不动"也很巧，本来桑娜很担心渔夫会责备自己，看到渔夫焦急的神情，知道之前所有担心都是多余的。这夫妇俩对穷人都是如此同情，从而赞扬穷人同情穷人的善良美德。

双方想法和行动如此一致，这都出乎对方意料，也出乎读者意外，显得非常含蓄、耐读。赏读这段话，让我明白了写文章用平常朴实的词语，同样也能感人至深。

——摘自邵华英《赏析笔记》

学生赏析也不必面面俱到。这样的赏析虽然还有欠缺，但是足以看出学生具有一定的阅读赏析、"解写"的能力。学生"深阅读"赏析能力越强，写作能力就越强。

3. 赏析课外文段，写笔记。

我指导学生赏析课内佳句优段的同时，引导学生由课内向课外拓展延伸，美其名为"他山之石，可以攻玉"。

【原文】

大自然的艺术之宫（片段）

芦笛岩内，有个叫"幽境听笛"的景点，是别具一格的小洞府。洞壁生成一些像笛子一样的石钟乳。一块薄薄的石幔幕布似的垂下来，薄得能透过灯光。仔细一看，周围有可爱的"小象"，倒挂的"壁虎"，顽皮的"猴子"。它们神态各异，也许听笛声入迷了吧！

【赏析】

这个自然段介绍了芦笛岩中"幽境听笛"别具一格的景色。作者在下文紧紧围绕"别具一格"描述"幽境听笛"景物两点奇特之处：第一点，洞内石钟乳奇特的样子——作者把石钟乳不同的模样想象成"小象""壁虎""猴子"，让读者身临其境，好像真的看到可爱的小象，倒挂的壁虎，调皮的猴子。第二点，作者写了一块石幔特别之处——像幕布，且"能透过灯光"，说明洞内"石幔"又大又薄。最值得赏析的是，文中"生"字用得好，作者把"石钟乳"看作有生命的物体，所以采用拟物的手法描写石钟乳的形态，既合理又形象，表达了作者对芦笛岩"幽境听笛"洞府内景物的喜爱之情。

——摘自黄建同学《赏析笔记》

老师通常只是要求学生抄录收集优秀片段，笔者认为光会收集还不够，蚂蚁也会收集，但是它不会酿蜜。经常引导学生做这样课外的赏析笔记，就是在吸收与酿造写作之蜜。

例谈五 导写自己习作的评析

指导学生写赏析读书笔记的同时，老师还可以引导学生赏析自己习作的优点，反思自己习作的不足，即学着给自己的习作写评析，把品评赏析能力迁移到自己的习作中来，进行自我欣赏，自我肯定，提高习作自信心。同时，反思自己习作的不足，提高写作意识。

请看潘凯华习作《我爱金橘树》中写的开头精彩片段，他自己用红笔画上波浪线，然后在习作后面写300多字赏析与反思——

【原文】

我家金橘树四季常青，四季开花，四季结果。我爱金橘树，清晨，它在微风中摇曳着枝叶，送我去上学；黄昏，它举着一只只小红灯——金橘，静静地等候我归来；夜里，我做完作业，来到它跟前，月光透过叶隙，撒下薄薄的轻纱，给我一份温馨的宁静；雨天，雨珠打着翠叶，仿佛一双无形的手为我抚弄出悦耳的琴声。啊，金橘树，从我懂事起，它年复一年地给了我许多美好的馈赠。其中最难忘的是三年前那个周日的早晨……

——六年级　潘凯华

【评析】

这是我在课堂上写的习作，我自己感到这个开头写得好。好在哪儿呢？

第一，我设计四个分句概括了爱金橘树的原因——美好的馈赠（清晨，送我去上学；黄昏，等候我归来；夜里，给我温馨的宁静；雨天，雨珠为我抚弄出悦耳的琴声……）这样显得有序有理。第二，把金橘树人格化（送、举、等候、给我、为我），自我感觉这样描写比较生动有意思。第三，我先写金橘树四季特点；再概述它的馈赠；最后引出下文。这样写思路清晰、条理清楚。第四，用借物抒情的方法引领全文，激发读者阅读兴趣，使读者很想阅读下文讲的故事——我借金橘树表达它对自己成长产生的影响。我自认为这是本文最引人入胜的地方。

赏析后，我又觉得开头写金橘树对我的馈赠，似乎篇幅太长，有点不足。钱老师说过，开头宜简洁。我曾想删去"写雨天"的分句，又舍不得，待以后再琢磨修改吧。

——六年级　潘凯华

显而易见，训练学生写赏析笔记有利于学生将课内学到的理解与分析能力迁移到课外阅读欣赏中；有利于发展学生个性化阅读能力，提高品味语言的能力，培养学生写作意识。

【微思考】

在高年级阅读教学活动中，语文老师要重视引导学生，循序渐进地从不同角度，用心灵同课文对话，亲近作者，这样有利于培养学生自主读书的好习惯。因为学生必须驻足赏读，潜心琢磨，反复研读，才能感知语句之"韵味"，品尝文采之"美味"，体味"自主采蜜蜜方甜"的道理。学生初步掌握了一定的赏析方法后，要放手让学生在文本中自觉实践；教师只抽阅，不批改，让学生不必为担心写错答案而烦恼。这样，从赏析课内，迁移赏析课外，再迁移反思自己习作，完成了赏析训练"三级跳"。此外，每隔一段时间利用晨会或课堂交流展览、传阅、参观学生写的赏析笔记，让学生互相交流观看赏析笔记，学习他人之长处，激发学生学习赏析的热情，不断提高赏析的水平，进而提高写作水平。

后记

书外心语小花絮

《创意作文实效教学例谈》终于完稿了，刚好写了十个月，真是"十月怀胎，一朝分娩"。想到不久看到自己又一本关于写作教学的书面市，心里也有几分欣喜。欣喜之余，想到有些话，要在后记中补遗。

这本书能够得以出版，要感谢很多朋友。

感谢福建教育出版社教育理论编辑室成知辛主任，他在百忙中，对这本书从整体构思、书名、体例、写法，提出了许多指导性建议，这本书能够顺利脱稿，与成主任真诚帮助分不开。在此，道一声："成主任，真心地感谢您！"

感谢教育博士、福建省教育学院副教授、福建省中小学语文学科带头人培养基地福建省教育学院基地首席专家、福建省教育学院语文研修部鲍道宏主任，是他邀请我为语文研修部成员做《我的作文教学主张》学术交流。会后，他建议可以写成书，于是我开始做写作准备，可以说是鲍主任点燃我的写作激情。书稿完成后，鲍主任又允诺在百忙中为拙作写了精彩的序言，在此，衷心感谢鲍道宏主任！

感谢林志武老师！我编写本书的过程中，他细心预审过几个章节，多次提出宝贵意见，并鼓励我，我从心底里感谢他悉心帮助。

感谢我的学生！他们应我要求，寄来了当年习作训练的原件，我从中精选出部分文句、片段引用到本书中，让读者从这些习作片段，可以读到当年习作训练效果。

感谢我的同行、同事。我写此书，征求过部分同行、同事意见，他们是：郑学霓、王晓莺、郑鸣璋、张春霞、饶美征、朱颖晖、范凤仙、蒋小琴、王瑛蕊、陈婉玲等老师。感谢他们繁忙中义务为我审读部分初稿！

感谢邻居曾慎宝医生，我写书码字时，遇到电脑技术问题，他随叫随到，帮助解决。本书出版之际，我要对好邻居曾医生说："谢谢您的无私帮助！"

还得感谢我老伴，码字太久时，提醒我要休息；写书休息时，为我泡上一杯牛奶；脖子酸痛时，为我送上缓解疲劳的扶阳包。我在此说一声："谢谢你！老伴，有你真好！"

四十年的习作教学实践，书中阐述的观点都是自己教学实践的感悟，都是从心泉里流出来的纯净水。希望本书能给一线语文老师一点启迪，有所帮助，这是我写本书的初衷。"成果总与苦相连"，编书是一件烧脑的事，再加本人学浅才疏，水平有限，年岁已高，难免存在不足，敬请广大读者指正。

钱本殷

2019 年 10 月